Gottesdienst Gestalt geben

Hanns Kerner

Gottesdienst Gestalt geben

Ein Wegweiser durch das Evangelische Gottesdienstbuch

Claudius

Abkürzungen:
EG Evangelisches Gesangbuch
GB Evangelisches Gottesdienstbuch

Die Deutsche Bibliothek – CIP-Einheitsaufnahme

Ein Titelsatz für diese Publikation ist bei
Der Deutschen Bibliothek erhältlich.

Birkerstraße 22, 80636 München
www.claudius.de

Umschlaggestaltung: Büro für Konzept und Gestaltung Meyer, Tübingen
Satz: Stahringer, Ebsdorfergrund
Druck: Schoder Druck, Gersthofen

ISBN 3-532-62261-0

Inhaltsverzeichnis

VORWORT

Der von vielen totgesagte Gottesdienst lebt. Die Fülle der neuen Gottesdienstformen ist ein Zeichen dafür. Daneben vermehren sich die Hinweise, dass der agendarische Gottesdienst wieder mehr Zuspruch erfährt. Die Bereitschaft zur Erneuerung des Gottesdienstes hat viele Gestaltungsmöglichkeiten ins Blickfeld gerückt. Neue Lieder und Melodien haben sich durchgesetzt. Neue Texte sind Gemeingut geworden. Formen der Beteiligung haben sich geändert. Für Aktion und Spiel ist der Gottesdienst kein Tabubereich mehr. Vieles könnte zusätzlich aufgeführt werden. Gleichzeitig engagieren sich auch immer mehr Gemeindeglieder für den Gottesdienst. So ist seine Gestaltung längst nicht mehr nur Sache der haupt- und nebenamtlichen kirchlichen Mitarbeiterinnen und Mitarbeiter. Gottesdienstteams haben sich gebildet, die Zahl der Lektorinnen bzw. Lektoren sowie der Prädikantinnen bzw. Prädikanten hat sich erheblich erhöht. Immer mehr Menschen bringen ihre Gaben und Fähigkeiten in den Gottesdienst ein. Auch die in anderen kirchlichen Berufen Tätigen haben den Gottesdienst verstärkt zu ihrer Sache gemacht.

Die Folge ist, dass es bei einer pluraler gewordenen Gottesdienstlandschaft in Verbindung mit dem verstärkten Engagement von Ehrenamtlichen im Gottesdienst auch neue Anforderungen an die den Gottesdienst Planenden und Leitenden gibt. Das betrifft nicht nur die Frage der Koordination, sondern vor allem auch die Frage der Gestaltung des Gottesdienstes. Mit dem neuen Evangelischen Gottesdienstbuch der Vereinigten Evangelisch-Lutherischen Kirche Deutschlands und der Evangelischen Kirche der Union wird ein solides Hilfsmittel für die Bewältigung der heute gegebenen Gestaltungsaufgabe an die Hand gegeben. Es gibt gleichzeitig einen Rahmen zur Orientierung und zeigt eine Vielfalt von Möglichkeiten zur situations- oder kirchenjahreszeitgemäßen Ausgestaltung. Da im Evangelischen Gottesdienstbuch mehrere liturgische Traditionen zusammengeflossen sind und gleichzeitig auch der gottesdienstliche Aufbruch der letzten vierzig Jahre dort seinen Niederschlag findet, ist es allerdings für diejenigen nicht leicht zu handhaben, denen die entsprechenden liturgischen Kenntnisse fehlen. Ziel dieses Buches ist es deshalb, das Gottesdienstbuch und seine Möglichkeiten auch für den nicht in allen Details liturgisch Versierten zu erschließen.

Nach einer Einführung in die Konzeption des Gottesdienstbuches werden die einzelnen Teile und Elemente des Gottesdienstes genauer betrachtet. Die Entscheidungen des Gottesdienstbuches werden dabei in die derzeitige Diskussionslage um den Gottesdienst eingebettet. Die Möglichkeiten, die sich für die Gottesdienstgestaltung eröffnen, werden aufgewiesen und erläutert. Besonders wird auf die Chancen hingewiesen, die sich für eine lebendige Gottesdienstgestaltung ergeben. Auch Grenzen werden benannt. In der Randspalte wird zu Beginn jedes Abschnittes der liturgische Teil bzw. das liturgische Element kurz beschrieben. Außerdem werden am Rand verschiedene pointierte Meinungen zum jeweiligen Thema wiedergegeben. Im einführenden Teil sind es vorwiegend Zitate aus dem Gottesdienstbuch, um besondere Aspekte aus den Zielsetzungen dieses Werkes herauszustreichen. Zumeist werden aber Stimmen aus der Literatur zitiert. Sie wollen zum Nachdenken über gegensätzliche Positionen einladen und auf diese Weise zur eigenen Meinungsbildung beitragen.

Im Prozess der Erarbeitung dieses Buches gab es viele wichtige Gespräche und Hilfestellungen. Besonders danke ich Herrn Pfarrer Konrad Müller, meiner Frau, Susanne-Katrin Heyer, Herrn Pfarrer Reinhold Morath und Frau Pfarrerin Ursula Schamberger für wichtige Hinweise und Diskussionen, Herrn stud. theol. Thomas Schmidt für verschiedenste Hilfeleistungen sowie Frau Veerle Nürnberger und Frau Hermine Schuster für das Korrekturlesen.

EINFÜHRUNG

Das Gottesdienstbuch ist eine Schatztruhe. Es ist gefüllt mit vielfältigen konkreten Vorschlägen zur Gottesdienstgestaltung, mit Ordnungen und Texten, mit Melodien und Hinweisen. Die Gottesdiensttradition reformatorischer Kirchen und geistliche Aufbrüche der letzten fünfzig Jahre finden hier ihren Niederschlag. Bindung an die Tradition, Vielfalt und Offenheit für Neues sind die hervorstechenden Merkmale. Nach eigener Zielsetzung will es »Anregungen, Hilfen und einen Rahmen [geben], um Gottesdienste so zu gestalten, dass sie für Menschen in einer säkularisierten, multikulturell geprägten Gesellschaft einladend wirken und mitvollzogen werden können« (GB S. 14).

Das Gottesdienstbuch ist keine Agende

Heute Gottesdienste zu gestalten stellt eine stetige Herausforderung dar. Deshalb ist das Gottesdienstbuch keine Agende im herkömmlichen Sinn bzw. in klassischer Ausführung, auch wenn der Begriff im Untertitel gebraucht wird. Die Bezeichnung Gottesdienstbuch gibt darauf schon einen Hinweis. Agendum heißt, »das, wonach zu handeln ist«. Die Agende stellt nicht nur verbindliche Gottesdienstordnungen, sondern auch Texte zur Verfügung, die genau so gebraucht werden sollen. Auch die Leseliturgin bzw. der Leseliturg hat alles, was zum »Gottesdienst halten« notwendig ist.

»Im EVANGELISCHEN GOTTESDIENSTBUCH werden Vielfalt und Flexibilität angeregt, gefördert und in eine Verbindlichkeit geführt, die für die Gemeinschaft der einen Kirche Jesu Christi notwendig ist« (Gottesdienstbuch). 18

Anders das Gottesdienstbuch. Es stellt »hohe Ansprüche an die Kompetenz der Liturginnen und Liturgen, der Kirchenmusikerinnen und Kirchenmusiker und aller, die für den Gottesdienst mitverantwortlich sind. Es setzt voraus, dass sie den gesamten Gottesdienstablauf als eine kreativ zu bewältigende Gestaltungsaufgabe verstehen, die sie gemeinsam wahrnehmen« (GB S. 18). Jeder Gottesdienst stellt vom Aufbau und von der Durchführung her eine neue Herausforderung dar, die nicht nur von der Liturgin bzw. dem Liturgen bewältigt werden soll. Das Gottesdienstbuch will ein Buch für alle sein, die Gottesdienste (mit)gestalten, ein Hilfsbuch zur gemeinsamen Gottesdienstvorbereitung. Es will zur Zusammenarbeit von Pfarrerinnen und Kirchenmusikern, von Lektorinnen und Prädikanten, von Diakoninnen, Religionspädagogen und allen Gemeindegliedern anregen, die ihre Gaben und Fähigkeiten in die Planung und Durchführung eines Gottesdienstes einbringen.

Dafür bietet das Gottesdienstbuch gediegene Hilfestellung. Es gibt einen Rahmen für die Gestaltung vor, Hinweise zu den Durchführungsmöglichkeiten, sowie Texte und Melodien. Wer es allerdings in die Hand nimmt und damit ohne eingehende Beschäftigung einen Gottesdienst »ablesen« möchte, wird Schiffbruch erleiden. Wenn gar – wie z.B. in der bayerischen Landeskirche – die gültigen, auch im Gesangbuch abgedruckten Gottesdienstordnungen nicht mit den Liturgien im Gottesdienstbuch übereinstimmen, ist das Chaos für die Leseliturgin bzw. den Leseliturgen vorprogrammiert. Selbst die Liturgien sind nur Beispiele, die bearbeitet werden sollen.

Wer das Gottesdienstbuch in die Hand nimmt, sollte deshalb wissen, was sie bzw. er darin erwarten kann und was nicht.

Das Gottesdienstbuch ist aufgebaut wie eine Agende

Das Gottesdienstbuch enthält wie jede Agende eine Darstellung der im Gottesdienst immer wiederkehrenden Stücke bzw. Texte (Ordinarium) und die nach dem Kirchenjahr wechselnden Stücke des Gottesdienstes (Proprium). Dazu kommt ein umfangreicher Textteil. Insofern könnte durchaus der Eindruck entstehen, man habe doch eine Agende vor sich. Doch es gibt entscheidende Unterschiede.

»Der Möglichkeiten sind viele! Manche sagen ›viel zu viele‹ und nennen das Gottesdienst-Arbeitsbuch spöttisch eine ›Kann-Agende‹. Man kann es so oder so machen und muss auch das nicht einmal! Dem kann ich nur entgegenhalten: Was für eine Agende wollen wir dann?« (Walter Lührs).

Den ausgeführten Liturgien im Ordinarium ist ein Rahmen vorgegeben. Sie sind deshalb nicht als feste Ordnungen, sondern als »schmiegsame Liturgien« zu verstehen, die sich je nach Ort, Situation, Kirchenjahr, Akzentsetzung oder Anlass verändern. Den Gestaltungsrahmen stellen die vorangestellten »Grundformen«. Innerhalb vorgegebener Grundstrukturen soll jedem Gottesdienst die angemessene Gestalt gegeben werden. Genaueres zu den Grundformen und den Liturgien ist unten (S. 19) und im weiteren Verlauf dieses Buches ausgeführt.

Der Teil der nach dem Kirchenjahr wechselnden Stücke (GB S. 239–487) entspricht dagegen bisherigen Agenden. Hier werden für die Sonn- und Feiertage des Kirchenjahres, die unbeweglichen Feste und Gedenktage sowie für besondere Tage und Anlässe bestimmte Grundelemente angegeben und ausgeführt. Dort sind die Lesungen und Predigttexte für den jeweiligen Tag bzw. Anlass, der Wochenspruch, das Wochenlied und die liturgische Farbe zu finden. Dazu sind Texte abgedruckt und zwar vom Eingangspsalm, von je drei Tagesgebeten sowie vom Hallelujavers. Für besondere Festtage sind auch noch das Lobgebet (Präfation) und ein Dankgebet nach dem Abendmahl beigegeben.

In der »Textsammlung zur Auswahl« (GB S. 489–680) sind zu sämtlichen im Gottesdienst gesprochenen Stücken verschiedene Alternativen abgedruckt – mit Ausnahme von denen, deren Texte feststehen wie beispielsweise das Vaterunser. Den vielfältigen Gestaltungsmöglichkeiten in den Ordnungen entsprechen also auch zahlreiche Möglichkeiten in der Verwendung von verschiedensten Texten.

Im Unterschied zu bisherigen Agenden bietet das Gottesdienstbuch sowohl Hinweise zur Gestaltung von Gottesdiensten in freier Form als auch deren exemplarische Ausführung (z.B. Familiengottesdienst, Feierabendmahl). Der Schwerpunkt des Gottesdienstbuches bleibt allerdings bei der Ausgestaltung des sonntäglichen Regelgottesdienstes.

Neu gegenüber den alten Agenden sind die vielen liturgiedidaktischen Hinweise. Sie führen den Benutzer bzw. die Benutzerin durch das Gottesdienstbuch und regen zu Gestaltungsalternativen an. So versuchen sie, die sinnvollen Möglichkeiten deutlich zu machen, die das Gottesdienstbuch zu einer abwechslungsreichen und gleichzeitig soliden Gottesdienstgestaltung bietet.

Die Rechtsstellung des Gottesdienstbuches ist unterschiedlich

Im Untertitel heißt das Evangelische Gottesdienstbuch »Agende für die Evangelische Kirche der Union und für die Vereinigte Evangelisch-Lutherische Kirche Deutschlands«. Hier kommt zum Ausdruck, dass es sich beim Gottesdienstbuch um ein Gemeinschaftswerk der meisten evangelischen Kirchen in Deutschland handelt. »Es führt die lutherisch, uniert und reformiert geprägten Traditionen der Agenden I beider Kirchen … zusammen und tritt an deren Stelle. Es erschließt den Reichtum dieser gewachsenen reformatorischen Traditionen für das gottesdienstliche Leben der evangelischen Gemeinden heute« (GB S. 13). Gegenüber den bisherigen konfessionellen Agenden liegt nun ein Werk vor, in dem lutherische, unierte und reformierte Kirchen gemeinsam das gottesdienstliche Feiern regeln und anregen möchten.

»Nach Jahren gemeinsamer Arbeit übergeben die Kirchenleitung der VELKD und der Rat der EKU nun die erste gemeinsame Agende, das Evangelische Gottesdienstbuch, den Gemeinden, den kirchlichen Diensten und der Öffentlichkeit« (Gottesdienstbuch). Vorwort, Altarausgabe: 5

In der Formulierung des Untertitels kommt aber auch ein Anspruch zum Ausdruck. Es soll verbindliche »Agende« für die beteiligten Kirchen sein. Die Rechtsstellung des Evangelischen Gottesdienstbuches ist aber in den verschiedenen deutschsprachigen Kirchen, die sich am Prozess der Entstehung dieses Agendenwerks beteiligt haben, sehr unterschiedlich. Stellt es in einigen Kirchen die gültige Ordnung und Agende dar, ist sie in anderen Kirchen nur zum Gebrauch innerhalb der dort gültigen Ordnungen freigegeben. Es ist also beim Gebrauch des Gottesdienstbuches zu berücksichtigen, wie die jeweilige Rechtslage ist.

»Mit dem EVANGELISCHEN GOTTESDIENSTBUCH werden sie eingeladen zu hoffnungsvollem Engagement, zu erwartungsfreudigem Nachdenken und zu entdeckungsbereiter Phantasie« (Gottesdienstbuch).

Das Gottesdienstbuch will erschlossen werden

Wer mit dem Gottesdienstbuch arbeitet, wird merken, dass die Handhabung nicht einfach ist. Zu einigen wenigen Gottesdienstelementen, die einen festen Ort im Gottesdienstablauf haben, kommen ganz viele »vagabundierende« Stücke, die je nach Ablauf und Schwerpunktsetzung an verschiedenen Stellen eingesetzt werden können. Dazu kommt dann noch, dass viele der Gottesdienstelemente offen sind für die unterschiedlichste Gestaltung. Dabei gibt es verschiedene traditionell geprägte Varianten, daneben neu formulierte oder frei entfaltete Texte. Oft kann auch noch gewählt werden, ob der Text gesprochen oder gesungen wird. Im musikalischen Bereich ist die Variationsbreite erheblich. So soll dieses Buch die verschiedenen Teile des Gottesdienstes, die unterschiedlichen Elemente und die vielfältigen Gestaltungsmöglichkeiten erschließen, die das Evangelische Gottesdienstbuch eröffnet.

Zuerst soll allerdings anhand der sieben für die Erarbeitung des Gottesdienstbuches maßgeblichen Kriterien das Konzept des Gottesdienstbuches vorgestellt werden. Für die Benutzerin bzw. den Benutzer ist es dabei hilfreich zu wissen, dass manche der Kriterien erst in dem Ergänzungsband zum Gottesdienstbuch ausführlich entfaltet werden.

Die sieben Leitkriterien des Gottesdienstbuches

GEMEINSAM GOTTESDIENST GESTALTEN

»Der Gottesdienst wird unter der Verantwortung und Beteiligung der ganzen Gemeinde gefeiert« (GB S. 15). So lautet die erste Leitlinie für die Erarbeitung des Gottesdienstbuches. Damit wird ein Programm beschrieben: Gottesdienst ist Gottesdienst der Gemeinde. Das Gottesdienstbuch hebt dabei zwei Aspekte hervor: Zum einen die Verantwortung der Gemeinde für den Gottesdienst, zum anderen die Beteiligung der Gemeinde im Gottesdienst.

Die ganze Gemeinde trägt Verantwortung für den Gottesdienst

Gottesdienstvorbereitung ist nicht nur Sache der Liturginnen und Liturgen. Für den klassischen »Pastorengottesdienst« hat das Gottesdienstbuch nichts übrig. Vielmehr wird unter Hinweis auf das »Priestertum aller Getauften« (GB S. 15) die ganze Gemeinde für den Gottesdienst in die Pflicht genommen. Die verschiedenen Begabungen, Kenntnisse und Ideen sollen sowohl in die Gottesdienstvorbereitung als auch in die Ausgestaltung fließen. Alle, die Gottesdienste mitgestalten, sind also nicht als Gehilfen der Pfarrerinnen und Pfarrer zu sehen. Genauso sind ihre Beiträge im Gottesdienst nicht als Randerscheinungen oder Ausschmückungen zu werten.

»... die ganze Gemeinde [ist] für den Gottesdienst verantwortlich. Die Gemeinde, die von Gott mit der Vielfalt von Geistesgaben beschenkt wird, soll sich mit all diesen Gaben, Fähigkeiten und Erkenntnissen am Gottesdienst beteiligen« (Gottesdienstbuch).

Damit dieses anspruchsvolle Programm nicht nur bei der Vorbereitung von besonderen Gottesdiensten, sondern auch für den Sonntagsgottesdienst Wirklichkeit werden kann, werden verschiedene Hinweise und Hilfestellungen gegeben. Zuerst einmal wird deutlich gemacht, dass gestalteter Gottesdienst Zeit für die Vorbereitung erfordert. Absprachen der an der Vorbereitung und Durchführung Beteiligten, Raum für Planungen und Abstimmungen, Zeit für die Ausarbeitung, das alles ist notwendig. Gottesdienstvorbereitung ist also weit mehr als das Erstellen der Predigt und das Heraussuchen von Liedern und Gebeten.

Wichtig ist nun, dass das Gottesdienstbuch mit den vorgegebenen Grundformen des Gottesdienstes einen Rahmen gibt, der zur Ausgestaltung einlädt. Die vorgegebenen Gottesdienstordnungen sind nicht nur offen für verschiedene Gestaltungsmöglichkeiten, sondern sie fordern je nach Situation oder Kirchenjahreszeit die Veränderung. Haben sich bisher Gottesdienstordnungen eher als Hindernis für eine aktive Beteiligung der Gemeinde an der Gottesdienstplanung und -durchführung erwiesen, so sollen die Grundordnungen des Gottesdienstbuches genau das Gegenteil bewirken.

Da aber auch gleichzeitig bewusst ist, dass zur Gottesdienstgestaltung nicht nur guter Willen gehört, sondern auch ordentliche Kenntnisse der liturgischen Stücke sowie der Gottesdienstdramaturgie, ist das Gottesdienstbuch voll von liturgiedidaktischen Hinweisen. Diese sind nicht nur für Theologinnen und Theologen geschrieben. Sie sind für alle, die Gottesdienste (mit)gestalten, nützlich zu lesen. Wer sich beispielsweise über die freien Gestaltungsmöglichkeiten knapp informieren will, findet im Gottesdienstbuch sehr hilfreiche Hinweise (vgl. z.B. GB S. 204–207). Für die Praxis wird es dennoch günstig sein, an Fortbildungen zur Gottesdienstgestaltung teilzunehmen, da es immer um eine kompetente Ausgestaltung geht.

Im Gottesdienstbuch werden die Möglichkeiten der aktiven Gestaltungsbeteiligung durch die Gemeinde besonders herausgestellt. Ob im Bereich der Musik (z.B. Instrumentalmusik, Chöre), des Gebets (z.B. Fürbitten), der Verkündigung (z.B. Anspiele, Dialogpredigt) oder der Bewegung (z.B. liturgischer Tanz), in großer Breite soll die Gemeinde ihre Gaben in den Gottesdienst aktiv einbringen und dadurch auch das Signal setzen: »Das ist unser Gottesdienst«.

Eine starke Gemeindebeteiligung wird angestrebt

»Eine lebendige Gemeinde sollte sich den Zwang zur Konsumentenhaltung nicht gefallen lassen.« (Helmut Kornemann).

Da Gottesdienstvorbereitung eine nicht unerhebliche spirituelle Dimension hat, geht das Gottesdienstbuch davon aus, dass die innere Beteiligung bei denjenigen, die den Gottesdienst mit vorbereitet haben und ihn aktiv mitgestalten, besonders hoch ist. Daneben stellt es auch andere Beteiligungsformen, die ein dichtes Erleben fördern sollen.

Es ist vor allem die Liturgie, die das begünstigen soll. Allein schon der in den Grundordnungen des Gottesdienstes vorgegebene verlässliche Rahmen soll Heimat bewahren bzw. schaffen. Im Wechsel zwischen Liturgin bzw. Liturg und Gemeinde gesprochene oder gesungenen Stücke, das Amen der Gemeinde am Ende des Gebets, gemeinsam gesprochene Bekenntnis- oder Gebetstexte (z.B. apostolisches Glaubensbekenntnis, Vaterunser), wiederkehrende Gesänge und geprägte Texte, das alles soll die innere Beteiligung fördern. Allerdings will das Gottesdienstbuch dazu beitragen, dass Texte und Melodien nicht einfach gedankenlos gesprochen bzw. gesungen werden. Deshalb wird innerhalb der liturgischen Stücke Variation groß geschrieben. So wird beispielsweise beim gesungenen »Kyrie eleison, Herr, erbarme dich« nicht nur das sogenannte Straßburger Kyrie abgedruckt, sondern daneben eine ganze Reihe von Alternativen vorgeschlagen (vgl. z.B. GB S. 90–92). Beteiligung geschieht also in wechselnder Form bei gleichbleibendem Gehalt. So setzt sich auch hier das Gottesdienstbuch von traditionellen agendarischen Beteiligungsmodellen ab. Diese wollten die innere Gemeindebeteiligung gerade dadurch steigern, dass durch das Kirchenjahr hindurch immer dieselben Gebetstexte wiederkehrten und die liturgischen Stücke nach denselben Melodien gesungen wurden. Dem misst das Gottesdienstbuch wenig Wert zu.

Demzufolge wird das Augenmerk auch stark auf andere aktive Beteiligungsmöglichkeiten gerichtet. Nicht nur bei den Gottesdiensten in freierer Gestalt liegt hier ein deutlicher Akzent. Der Kommunikation der Gemeinde untereinander wird im Gottesdienst ein besonderes Augenmerk gewidmet. So werden Interaktionsformen wie z. B. der gegenseitige Friedensgruß oder Bewegung und Tanz an vielen Stellen vorgeschlagen. Gemeinde soll auch miteinander in Bewegung kommen und den Gottesdienst ganzheitlich erleben.

Wiedererkennen und frei gestalten

»Der Gottesdienst folgt einer erkennbaren, stabilen Grundstruktur, die vielfältige Gestaltungsmöglichkeiten offen hält« (GB S. 15). Dieses zweite Kriterium des Gottesdienstbuches ist entscheidend zu seinem Verständnis. Heutige Gottesdienstgestaltung steht vor der Situation, dass auf der einen Seite in der Gemeinde gewachsene traditionelle Formen den sonntäglichen Gottesdienst prägen. Auf der anderen Seite werden daneben viele neue Gottesdienstformen praktiziert. Altes und Neues haben sich in vielfältiger Weise durchdrungen. Immer neu stellt sich die Frage: Was soll bewahrt bleiben, dass Menschen ihre gottesdienstliche Heimat nicht genommen wird und was soll geändert werden, damit Menschen im Gottesdienst Heimat finden können. Das Gottesdienstbuch gibt darauf einige Antworten, andere Fragen lässt es offen.

Eine stabile Grundstruktur sichert die Wiedererkennbarkeit

> *»Die stabile Grundstruktur ist aller aktuellen Gestaltung vorgegeben ... Die Grundstruktur besteht aus einem zweigliedrigen Kern: der Verkündigung und der Feier des Mahls. Er wird von einem hinführenden, sendenden Teil umschlossen. Diese Grundstruktur ist den christlichen Kirchen gemeinsam« (Gottesdienstbuch).*

Die Wiedererkennbarkeit des Gottesdienstes soll – wie gesagt – durch eine erkennbare, stabile Grundstruktur gewährleistet werden. Dahinter verbirgt sich zuerst einmal eine Theorie. Dazu kommen konkrete Ausformungen, in denen die Theorie praktisch wird, nämlich die beiden Grundformen. Die Theorie geht von einer Grundstruktur des christlichen Gottesdienstes aus. Um die beiden zentralen gottesdienstlichen Ereignisse, die Verkündigung durch Schrift und Predigt sowie die Feier des Abendmahls, lagern ein hinführender und ein hinausführender Teil, so dass sich vier Gottesdienstteile ergeben. Das Gottesdienstbuch nennt sie in eigener Akzentsetzung:

- Eröffnung und Anrufung
- Verkündigung und Bekenntnis
- Abendmahl
- Sendung und Segen (Grundform I) bzw. Fürbitte und Sendung (Grundform II).

Diese Struktur sollen sämtliche Gottesdienste aufweisen, obwohl man sich natürlich darüber im Klaren ist, dass nicht in jedem Gottesdienst das Heilige Abendmahl gefeiert wird. Der Vorteil dieses Strukturmodells ist, dass sämtliche Gottesdienste innerhalb dieses Rahmens gestaltet werden können, ob das der traditionelle agendarische Sonntagsgottesdienst oder ein Familiengottesdienst ist, ein Feierabendmahl oder eine Thomasmesse.

Die Diskussion darüber, ob die Struktur allerdings wirklich die Wiedererkennbarkeit sichert, ist immer noch im Gang. Jedenfalls geschieht Gottesdienstvorbereitung im Sinne des Gottesdienstbuches innerhalb eines vorgegebenen Gestaltungsrahmens, der zu den unterschiedlichsten Ausführungen kommen kann.

Die Grundformen bieten einen festen Gestaltungsrahmen

Der Gestaltungsrahmen ist an der Tradition orientiert. Dabei greift das Gottesdienstbuch drei Haupttypen des evangelischen Gottesdienstes auf.
- Der erste ist die abendländische Messform, wie sie vor allem in der Vereinigten Evangelisch-Lutherischen Kirche Deutschlands (VELKD) praktiziert wird (Grundform I, Variante A).
- Der zweite ist die in der Mitte des 19. Jahrhunderts entstandene Sonderform dieses Typus, die in den Kirchen der Union (EKU) ihre Hauptvertreter hat (Grundform I, Variante B).
- Den dritten Haupttyp stellt die im südwestdeutschen Raum entstandene Form des Predigtgottesdienstes dar (Grundform II), der sowohl in einer Lang- wie in einer Kurzversion aufgenommen ist.

Diese Grundordnungen sind Leitformen für die Gestaltung der Gottesdienste. Sie sind auch in Liturgien ausgeführt (vgl. GB S. 61 ff.). Grundform I ist sowohl zum Sprechen als auch zum Singen eingerichtet (vgl. GB S. 87ff.). Die ausgeführten Liturgien sind in der Darstellung genauso wie man das von bisherigen Agenden gewohnt ist. Dieser Eindruck sollte aber nicht darüber hinwegtäuschen, dass es sich nur um Beispiele handelt, wie ein Gottesdienst nach der jeweiligen Grundform ausgestaltet werden kann.

»... der Ritus, der uns Ordnungen vermittelt, hilft uns Abstand zu gewinnen vom tödlichen Rennen nach immer Mehr- und immer Schneller- und immer Atemloser-Sein.« (Arno Schilson).

Wichtig ist auch, dass die drei Grundformen selbst keinen streng festgelegten Ablauf des Gottesdienstes vorschreiben. Sie bieten vielmehr einen großen Gestaltungsraum. Innerhalb der vier Teile gibt es viele Variationsmöglichkeiten. Sehr oft werden auch Akzentsetzungen vorgeschlagen, die von der Kirchenjahreszeit oder von der Situation her bestimmt sein können. So ist es möglich, ganz »unterschiedliche Schwerpunkte in der Entfaltung der einzelnen Teile« (GB S. 15) zu setzen. Beispielsweise kann im Teil »Eröffnung und Anrufung« entweder ein Psalm oder das »Herr, erbarme dich« (Kyrie) oder der Lobpreis »Ehre sei Gott in der Höhe« (Gloria) entfaltet werden. Diese Schwerpunktsetzungen haben jeweils Auswirkungen auf den restlichen Gottesdienstverlauf.

Die Orientierung, die durch die Grundformen I und II gegeben ist, gilt aber nicht nur für den so genannten Hauptgottesdienst. Beide wollen auch einen Gestaltungsrahmen für die Gottesdienste bieten, die freier gestaltet werden wie z.B. Familiengottesdienste, Feierabendmahl oder Lobpreisgottesdienste. So ist offensichtlich, dass jeder Gottesdienst eine Gestaltungsaufgabe darstellt. Für die Ausgestaltung sind dabei sowohl traditionelle, als auch situationsbezogene und aktuelle Anforderungen zu berücksichtigen:

- »*Traditionelle Anforderungen* ergeben sich aus dem Kirchenjahr und oft aus der liturgischen Praxis, die sich in einer bestimmten Kirche, Region oder Gemeinde in langer Geschichte herausgebildet hat und nun zu ihrer Identität gehört.
- *Situationsbezogene Varianten* ergeben sich aus der lokalen Lebenssituation, die eine Gemeinde beeinflusst und prägt.
- *Aktuelle Ausgestaltungen* ergeben sich, wenn eine Gemeinde innerhalb der ihr vertrauten liturgischen Ordnung einzelne Teile und Elemente des Gottesdienstes einmal besonders akzentuieren oder entfalten will. Der Gottesdienst braucht auch solche aktuellen Elemente. In ihnen kann die Gemeinde ihre Situation vor Gott aussprechen« (GB S. 17).

Jeder Gottesdienst stellt eine Gestaltungsaufgabe dar

Allein schon die Einbindung der vielfältigen Begabungen in einer Gemeinde stellt dort, wo sie tatsächlich auch nur ansatzweise geschieht, eine große Gestaltungsaufgabe dar. Nun kommt aber noch der Umgang mit der Liturgie dazu.

»In der Liturgie kann nur dann deutlich werden, daß Glauben etwas Lebendiges ist, wenn sie in ihrer Darstellung beständig auf Gegenwart hin aktualisiert wird.« (Friedrich Karl Barth).

Hat man sich für eine Grundform entschieden, so muss der Ablauf des Gottesdienstes den Gegebenheiten entsprechend festgelegt werden. Dabei können wie oben erwähnt Schwerpunktsetzungen vorgenommen werden. Das wird allerdings nur bei besonderen Gelegenheiten der Fall sein.

Bedeutsam ist nun, dass es im Ablauf des Gottesdienstes viele veränderliche Größen gibt. Es gibt liturgische Elemente, die einen festen Ort im Gottesdienstverlauf haben wie beispielsweise der Gruß/die Begrüßung, die Bibellesungen oder der Segen. Daneben gibt es aber auch Elemente, die regelrecht vagabundieren. Je nach Dramaturgie des Gottesdienstes – die sich schon allein dadurch verändert, dass Abendmahl gefeiert wird oder nicht – können sie an ganz verschiedenen Stellen auftauchen. Dazu zählen z. B. das Vaterunser, das Sündenbekenntnis, das Glaubensbekenntnis oder die Fürbitten. Diese müssen alle einen sinnvollen Ort erhalten. Das Gottesdienstbuch gibt durch verschiedenste Hinweise und Schemata Orientierungshilfen für eine planvolle Anordnung.

Bei der Frage an welchen Ort ein liturgisches Stück gesetzt wird, muss aber gleichzeitig entschieden werden, welche Elemente überhaupt in dem entsprechenden Gottesdienst vorkommen sollen. Es gibt nämlich neben den bei jedem Gottesdienst vorgesehenen Elementen, den Regelstücken (z. B. Vaterunser, Segen), auch Elemente, die fakultativ sind (z.B. Psalm, gemeinsames Schuldbekenntnis). Innerhalb des von den Grundformen vorgegebenen Rahmens besteht also eine große Variationsbreite.

Eine weitere Gestaltungsaufgabe stellt dann das Aussuchen der entsprechenden Texte, Lieder und der Ausführung der liturgischen Stücke dar. Dabei kennt das Gottesdienstbuch auch für Elemente wie das »Herr, erbarme dich« oder das »Ehre sei Gott in der Höhe« keine Regelversionen, sondern zieht die Abwechslung vor.

»Die Liturgie soll für die Besucher einsichtig und nachvollziehbar sein; der Gottesdienst ist kein Ritual für Insider.« (Horst Bracks).

Das Gottesdienstbuch bietet eine ganze Reihe von Beispielen, wie Gottesdienste innerhalb der beiden Grundformen gestaltet werden können. Es sind dies »Die Feier der Taufe im Gemeindegottesdienst« (GB S. 149–153), ein »Tischabendmahl« (GB S. 159f.), Gottesdienste mit kleiner Teilnehmerzahl (GB S. 161–176), ein »Gottesdienst am Karfreitag« (GB S. 177–189), ein »Gottesdienst am Buß- und Bettag« (GB S. 191–201), ein »Familiengottesdienst« (GB S. 209–213), ein »Feierabendmahl« (GB S. 214–218), sowie ein »Gottesdienst mit reicheren Interaktionsformen« (GB S. 219–238). An diesen Beispielen wird der Gestaltungsreichtum sichtbar, den das Gottesdienstbuch eröffnet.

Eine Einschränkung muss gemacht werden, um keine falschen Erwartungen zu wecken. Das GB ist keine Fundgrube für innovative Gottesdienstgestaltung. Wer kreative Vorschläge sucht, der ist auch weiterhin auf die entsprechende Literatur angewiesen, so nützlich mancher Hinweis in diese Richtung auch ist. Das Gottesdienstbuch zeigt aber sehr hilfreich auf, wie freie Gottesdienstformen in die beiden Grundformen integriert werden können.

Jeder Gottesdienst folgt einer Dramaturgie

Folgt man Agenden, so ist gesichert, dass eine adäquate Dramaturgie eingehalten wird. Bei jeder Gottesdienstgestaltung nach dem Gottesdienstbuch muss die Frage nach der Dramaturgie neu gestellt werden. Sie muss stimmen, sonst kann es zu Spannungsabfall, Brüchen, Leerlauf, Doppelungen, Spannungsaufbau an der falschen Stelle oder anderen, die Beteiligung der Gemeinde störenden Problemen kommen. Dies ist ein kritischer Punkt im Gottesdienstbuch. Denn es will oder kann zur Dramaturgie des Gottesdienstes keine Entscheidung treffen, da es eine große Offenheit bewahren möchte. Nun ist die Frage der Dramaturgie und ihrer Begründung in der Geschichte des evangelischen Gottesdienstes ohnedies bis heute ungeklärt. Auf das Problem muss hier dennoch hingewiesen werden, damit das Gottesdienstbuch nicht die mit weniger guten liturgischen Kenntnissen ausgestatteten Benutzerinnen und Benutzer in die Irre führt.

Wir können »auch der Gefahr verfallen, die liturgische Gestaltung an die Gesetze von Angebot und Nachfrage zu verraten.« (Manfred Josuttis).

Eine Reihe von Fragen kann die Problematik veranschaulichen:
- »Regiert der Altar« (also die Abendmahlsfeier) den Gottesdienst?
- Ist Gottesdienst vornehmlich ein Wortgeschehen, so dass es vor allem auf die Verkündigung des biblischen Wortes ankommt?
- Ist Gottesdienst ein »Lernprozess«?
- Gehorcht der Gottesdienst einem kommunikativen Grundgeschehen zwischen Menschen?
- Ist er Begegnung mit dem Heiligen?
- Ist die Agende frei von jeder inneren Dramaturgie und schreitet »nur« bestimmte Stationen des Gottesdienstes ab?

Von der Beantwortung dieser Fragen wird die Gottesdienstgestaltung maßgeblich bestimmt. Wer beispielsweise das kommunikative Grundgeschehen zwischen Menschen im Gottesdienst betont, wird im Eingangsteil kein Sündenbekenntnis sprechen, wer auf die Begegnung mit dem Heiligen vorbereiten will, der braucht es dort.

Dieses Beispiel mag verdeutlichen, dass die Offenheit des Gottesdienstbuches eine hohe liturgische Kompetenz der Benutzerinnen und Benutzer erfordert. Die Beachtung der liturgiedidaktischen Hinweise kann hier manches Defizit ausgleichen, das Problem bleibt allerdings an diesem Punkt der dramaturgischen Gestaltung.

Tradition bewahren und Neues einbeziehen

»Bewährte Texte aus der Tradition und neue Texte aus dem Gemeindeleben der Gegenwart erhalten den gleichen Stellenwert« (GB S. 15). Das dritte Kriterium des Gottesdienstbuches will Balance schaffen. Auf der einen Seite gibt es eine Fülle von seit Jahrhunderten gleichbleibenden Texten wie das Vaterunser und die Glaubensbekenntnisse. Ein großer Bestand von Gebeten, die aus der gottesdienstlichen Tradition stammen, sind – teilweise leicht verändert – im Gottesdienstbuch abgedruckt. Alte und zum Teil auch vertraute Texte sollen den Mitvollzug der Liturgie erleichtern, zum Teil aber auch den verengten Kontext des »modernen« Menschen aus dem Reichtum der Tradition heraus erweitern. Auf der anderen Seite sind in den vergangenen fünfzig Jahren viele neue Gebete entstanden und täglich kommen neue hinzu. Da sie oft als Gegentexte zur Tradition entstanden sind, bieten sie ein sprachlich anderes Gesicht. An die Stelle von Formeln und geprägten Wendungen treten hier alltagssprachliche, meditative oder poetische Formulierungen, die an die Sprache der Gottesdienst Feiernden anknüpfen wollen. Während in der Praxis oft ein »entweder Alt oder Neu« favorisiert wird, wiegt das Gottesdienstbuch das »Für und Wider« ab. Das Ergebnis ist, dass beides, Altes wie Neues, sein Recht bekommt und von der Absicht her gleichwertig nebeneinander gestellt wird.

»Im Gebrauch zeigt sich immer wieder, über welche Ausstrahlungskraft geprägte Texte aus der Tradition verfügen und wie eindrücklich sie wirken … Gleichwohl ist es notwendig, heutige Sprachgestalt, Bilder und Texte in den Gottesdienst einzuführen, in denen die Beteiligten ihre Lebenswelt wieder erkennen und ihre persönlichen Erfahrungen nach eigenem Empfinden aussprechen können … [Es] sollte darauf geachtet werden, dass traditionelle und neue Texte gleichwertig nebeneinander stehen« (Gottesdienstbuch).

Wer die Texte genauer betrachtet, wird feststellen, dass die von der Tradition geprägten Texte überwiegen. So gibt es beispielsweise bei den Tagesgebeten je zwei ältere und einen moderner ausgeführten Vorschlag (vgl. GB S. 243ff.). Erst im Ergänzungsband zum Evangelischen Gottesdienstbuch sollen mehr neue Textbeispiele folgen.

Natürlich hat die Fragestellung »alte und neue Texte« auch eine inhaltliche Dimension. So reden alte Texte Gott beispielsweise oft als Allmächtigen an. Neuere Texte betonen dagegen z.B. die Geschwisterlichkeit Gottes. Da im Gottesdienstbuch beides aufgenommen wird, sind auch die verschiedenen Inhalte zu finden. Während bei der Frage der inklusiven Sprache, dem fünften Kriterium des Gottesdienstbuches, eine Entscheidung getroffen wurde (s.u. S. 26f.), bleibt das Verhältnis von Tradition und Moderne hier ungeklärt. Fest steht nur, dass beides gleichberechtigt zusammenfließen soll. Die Benutzerin bzw. der Benutzer kann selbst entscheiden, welche Formulierungen sie bzw. er übernehmen möchte. So verstehen sich die einzelnen Gebetstexte auch nicht als abzulesende Texte, sondern als Formulierungshilfen. Die fortwährende Gestaltungsaufgabe reicht also auch in die Erstellung der Gebetstexte hinein.

(4.) Mit der weltweiten Christenheit feiern

*»Evangelischer Gottesdienst ist immer auf die ganze Kirche Jesu Christi bezogen. Er ist deshalb für den Reichtum der Spiritualität in den anderen Kirchen offen.« (Gottesdienstbuch).*15

»Der evangelische Gottesdienst steht in einem lebendigen Zusammenhang mit den Gottesdiensten der anderen Kirchen in der Ökumene« (GB S. 15). Dieses vierte Leitbild des Gottesdienstbuches ist Ausdruck einer rasanten Entwicklung. Die Ökumene wird in den meisten Gemeinden in einem guten Miteinander gepflegt. Die Zusammengehörigkeit der Christinnen und Christen unterschiedlicher Konfessionen findet oft auch in der gemeinsamen Feier von Gottesdiensten ihren Ausdruck. Das gegenseitige Kennenlernen hat dabei viele Vorurteile abgebaut und gezeigt, wie ähnlich beispielsweise der lutherische Abendmahlsgottesdienst und die katholische Messfeier sind. Im Bereich der Lieder und der liturgischen Gesänge ist es schon länger so, dass in den Gemeinden nicht mehr gefragt wird, aus welcher Konfession der Gesang stammt. Hauptsache ist, er gefällt. Das Gottesdienstbuch trägt dem Rechnung und geht sogar noch einen Schritt weiter.

Es fragt, wie sich die ökumenische Verbundenheit »mit der Kirche aller Zeiten und Orte« (GB S. 18) im evangelischen Gottesdienst zeigt. Dabei wird festgestellt, dass diese bereits durch die gemeinsame Grundstruktur (Eingangs-, Verkündigungs-, Abendmahls- und Schlussteil) des Gottesdienstes sowie durch gemeinsame Grundtexte (Schriftworte, Glaubensbekenntnisse, Vaterunser, Kirchenlieder, Einsetzungsworte, biblischer Segen) eine breite Basis hat.

So ist es nur noch ein kleiner Schritt – aufgrund von Erkenntnissen und Einsichten, die im ökumenischen Dialog gewachsen sind – den evangelischen Gottesdienst mit Elementen aus anderen christlichen Traditionen anzureichern. Es werden insbesondere im Gebetsteil viele Texte aus anderen Kirchen aufgenommen, bis hinein in die Abendmahlsgebete. Der Abbau von konfessionellen Vorurteilen hat auch dazu beigetragen, dass Zeichen und Symbole aus anderen Konfessionen im evangelischen Gottesdienst Fuß fassen konnten. Das Gottesdienstbuch greift diese Entwicklung ebenfalls auf.

Besonders weitreichend sind Veränderungen, die sich auf den Gottesdienstverlauf beziehen. Hier ist vor allem die Veränderung der Regelstellung des Glaubensbekenntnisses zu nennen, dessen Platz nun nach der Predigt ist. Es wird deutlich, dass im Gottesdienstbuch in Ansätzen eine Konvergenz zu den Gottesdienstordnungen der römisch-katholischen Kirche angestrebt wird. In gemeinsamen Formen und durch die Verwendung gemeinsamer liturgischer Stücke soll »das Gottesdienstbuch eine Hilfe auf dem Weg zu einer erfahrenen Gemeinschaft der Kirchen« (GB S. 16) sein.

In diesem Zusammenhang ist etwas von Bedeutung, das für das Gottesdienstbuch selbstverständlich ist, und deshalb auch nicht groß thematisiert wird. Es ist bereits der Grundansatz des Gottesdienstbuches ökumenisch, da es den Gottesdienst in den meisten reformierten, unierten und lutherischen Kirchen Deutschlands regelt oder inspiriert, also nicht nur in einer Konfessionsfamilie. Es bezieht die verschiedenen historisch gewachsenen Gottesdienstordnungen aufeinander und versucht, diese einander anzunähern. Die bisherigen, konfessionell unterschiedlichen Agenden sollen jetzt also durch ein gemeinsames Agendenwerk ersetzt werden. Der mit der Unterzeichnung der Leuenberger Konkordie (1975) beschrittene Weg der Kirchengemeinschaft findet so einen liturgischen Ausdruck innerprotestantischer Ökumene.

Durch die Aufnahme von Gestaltungsmöglichkeiten und Texten aus den verschiedenen evangelischen Traditionen geschieht eine gegenseitige Bereicherung. Es muss allerdings darauf geachtet werden, dass manche Texte für einen speziellen liturgischen Kontext bestimmt sind und nicht sinnvoll in anderen Zusammenhängen Verwendung finden können.

(5.) Niemanden durch Worte ausgrenzen

»Niemand darf im Gottesdienst durch Wort oder Verhalten ausgegrenzt oder beiseite geschoben werden. Diese Forderung betrifft vor allem einen sorgfältigen Umgang mit der Sprache im Sinn einer inklusiven Sprache« (Gottesdienstbuch).

»Der rituell-reproduktiven Funktion des Gottesdienstes wird einerseits Rechnung getragen durch die Wahl traditioneller Sprachformen, andererseits kann die Gemeinde auch alltagssprachlich angesprochen werden«. (Theophil Müller).

»Die Sprache darf niemanden ausgrenzen; vielmehr soll in ihr die Gemeinschaft von Männern, Frauen, Jugendlichen und Kindern sowie von unterschiedlichen Gruppierungen in der Kirche ihren angemessenen Ausdruck finden« (GB S. 16). Mit dem fünften Kriterium bezieht das Gottesdienstbuch deutlich Stellung. Niemand darf, aus welchen Gründen auch immer, sprachlich ausgegrenzt werden. Das ist leichter gesagt als getan. Denn es gibt ungezählte Möglichkeiten, Menschen durch Sprache auszuschließen, selbst wenn es gar nicht gewollt ist.

Ging man bei der Erarbeitung des Gottesdienstbuches noch von dem Vorhaben aus, eine inklusive Sprache zu wählen, die Männer und Frauen in gleicher Weise anspricht, so zeigte sich schnell, dass es nicht nur um die Veränderung von Sprachformen gehen kann, die Frauen ausschließen. Wenn sämtliche männlich geprägten Begriffe mit weiblichen ergänzt oder durch neutrale ersetzt werden, ist das Problem immer noch nicht gelöst. Denn auch andere, zum Teil gar nicht kleine Gesellschaftsteile können in gottesdienstlichen Texten ausgeschlossen werden. Wird beispielsweise in einer traditionellen Form für Eheleute gebetet, so werden Singles leicht in eine Situation gebracht, in der sie einem Gebet nicht mehr folgen können. Andere Texte und Sprachformen wiederum können Jugendliche ausschließen. Die Texte des Gottesdienstbuches sind deshalb durchwegs auf ausgrenzende Sequenzen durchgesehen und Problematisches aus dem Vorentwurf ist weitgehend korrigiert. Es geht letztlich um eine gerechte und von möglichst allen mitvollziehbare Sprache. Dabei wird deutlich, dass es viele eingeschliffene Sprachgewohnheiten im Gottesdienst gibt, die sich Korrekturen gefallen lassen müssen.

Dennoch bleiben Fußangeln und Streitpunkte. Diese sind vor allem im Bereich der Gottesanreden zu finden. Trotz des Bemühens um vielfältige Benennungen kommen immer noch die vor allem in Frauenkreisen umstrittene Anrede »Herr« oder die Anrede Gottes als »Vater« vor. Hier stellt das Gottesdienstbuch fest, dass es auch Grenzen des Kriteriums der nicht ausgrenzenden Sprache gibt. Denn ein Verzicht auf manche biblischen Gottesanreden würde auch eine Verarmung darstellen. So wird betont: »Im Sprechen von Gott und zu Gott gilt es, den Reichtum der Bibel an Sprache und Bildern neu zu entdecken und die liturgischen Texte dadurch anzureichern« (GB S. 16).

Dadurch wird auf der einen Seite die Fülle des biblischen Redens von und zu Gott gewahrt, auf der anderen Seite aber auch dafür sensibilisiert, die eigene Sprache und die im Gottesdienst verwendeten Texte zu überprüfen.

Da im Gottesdienstbuch Texte in unterschiedlichen Sprachformen wiedergegeben werden (traditionelle, zum Teil sich in Formeln ausdrückende Sprache, poetische Sprache, gehobene Umgangssprache), fühlen sich Menschen durch die gewählte Sprachform natürlich auch unterschiedlich angesprochen. Da sich das Gottesdienstbuch nicht auf einen bestimmten Sprachtypus festlegt, was das dritte Kriterium ja auch verbietet, ist es für jede Sprachgestaltung offen. Die Einschränkung ist lediglich, dass sie gerecht sein soll.

6. Den ganzen Menschen ansprechen

»Dieses Gottesdienstbuch enthält … eine Reihe von Anregungen zu einem ganzheitlich geprägten, den Verstand und die Sinne ansprechenden Feiern, in dem Musik und Bewegung, Symbole und Gesten entfaltet werden. Hierzu können sich die Gemeindeglieder mit ihrer Spiritualität und der Vielfalt ihrer Gaben einbringen und die Feier bereichern« (Gottesdienstbuch).

»Liturgisches Handeln und Verhalten bezieht den ganzen Menschen ein; es äußert sich auch leibhaft und sinnlich« (GB S. 16). Das sechste Kriterium bringt im evangelischen Gottesdienst vernachlässigte Dimensionen ins Spiel. Die intellektuelle Dominanz, die dem Protestantismus häufig zugesprochen wird, soll durch verschiedene Anregungen aufgebrochen werden, die zu einer »ganzheitlich« geprägten Feier führen können.

So werden sehr verschiedene Aspekte des gottesdienstlichen Feierns neu in den Blick genommen. Sie betreffen vor allem Haltung, Bewegung und Symbole. Aber auch Musik und Raumgestaltung spielen eine große Rolle. Die meisten Hinweise zu entsprechender Gestaltung sind in den liturgiedidaktischen Hinweisen verstreut. Ein Beispiel für einen den ganzen Menschen ansprechenden Gottesdienst ist der »Gottesdienst mit reicheren Interaktionsformen« (GB S. 219–238).

Die Haltung sowohl der aktiv in der Liturgie Handelnden als auch die der Teilnehmenden erfährt ein besonderes Augenmerk. Dabei wird an verbreitete Gebetshaltungen wie Sitzen, Stehen oder Segensgesten angeknüpft, um dann für eine neue Praxis zu öffnen. Es wird also der Tatsache Rechnung getragen, dass bestimmte Haltungen, zum Teil verbunden mit Bewegungen, konzentrierend und verdeutlichend wirken können.

Vielfältig sind die Anregungen, Bewegung in den Gottesdienst zu bringen. Das beginnt beispielsweise mit einer Prozession zum Eingang, findet Ausdruck im Anspiel zur Verkündigung und endet in einer symbolischen Aktion zur Sendung. Hier öffnet sich der Gottesdienst für Glaubenserfahrungen in der Gemeinde, die sonst nur in den entsprechenden Gemeindegruppen und -kreisen Raum hat. So kann beispielsweise eine Tanzgruppe ein Gebet durch liturgischen Tanz im Gottesdienst ausdrücken. Genauso ist es aber auch möglich, die Gemeinde selbst zu einem choreographisch festgelegten liturgischen Tanz zu motivieren.

Wird auf der einen Seite der Interaktion großes Augenmerk geschenkt, so gibt es auf der anderen Seite auch die Anregung, vermehrt Räume der Stille im Gottesdienst zuzulassen. An vielen Stellen des Gottesdienstablaufs wird darauf hingewiesen, dass eine Zeit der Stille sinnvoll wäre. Zum Teil wird diese auch eingeleitet, was unbedingt notwendig ist.

Auch der Musik wird bei einem Gottesdienst, der den ganzen Menschen ansprechen soll, großes Gewicht beigemessen. Dabei werden dem Gestaltungsreichtum keine Grenzen gesetzt. Hier werden alte und neue Stilformen gleichberechtigt nebeneinander gestellt. Zudem kann die Verwendung audiovisueller Medien die Sinne anregen.

Es ist zu beachten, dass die hier vorgeschlagenen Erweiterungen Probleme hervorrufen können. Deshalb wird betont: »Der Gottesdienst soll den ganzen Menschen mit allen Sinnen einbeziehen, nicht aber vereinnahmen. Deshalb ist immer wieder neu zu überlegen, wie das Verhältnis von Nähe und Distanz zum Gottesdienstgeschehen von den Einzelnen selbst bestimmt werden kann … Die Beteiligung an Gesang, Bewegung und Aktion muss freiwillig bleiben« (GB S. 219). Berücksichtigt werden sollte in diesem Zusammenhang, dass auch durch Gesten und Symbole ausgegrenzt werden kann. Hier bedarf es ständiger Überlegungen.

»Fürsorglichkeit gegenüber liturgisch Ungeübten in allen Ehren, aber 90% unserer technischen Ansagen, oder noch mehr, lassen sich durch Körpersprache oder eine Geste ausdrücken. Und wenn es Leute gibt, die einen Moment brauchen, bis sie merken, daß man jetzt aufsteht, dann kriegen sie diesen Moment, und sie kriegen auch zwei oder drei. Hektik ist der Todfeind der Liturgie.« (Bernhard Leube).

Die Wurzeln in Israel bedenken

> *»Der Gottesdienst ist ein wichtiger Ort, an dem der Berufung Israels gedacht und die bleibende Verbundenheit mit Israel zur Sprache gebracht werden soll« (Gottesdienstbuch).*

»Die Christenheit ist bleibend mit Israel als dem erstberufenen Gottesvolk verbunden« (GB S. 16). Das siebente Kriterium ist zum Aufmerken. Viele unserer gottesdienstlichen Elemente sind identisch mit denen des jüdischen Gottesdienstes, manche haben sich aus ihnen weiterentwickelt. Ohne große Bewusstmachung dieser Tatsache werden sie verwendet. Ob das die Lesungen aus dem Alten Testament, die Psalmen oder der aaronitische Segen sind, sie werden als genuine Stücke des christlichen Gottesdienstes empfunden.

Über die Bewusstmachung dieser Tatsachen hinaus stellt das siebente Kriterium immer neu vor eine Gestaltungsaufgabe, denn inhaltliche Entscheidungen finden einen Ausdruck in der Formulierung liturgischer Texte. Hier wird beispielsweise zu fragen sein, wie und ob in den Gebetstexten das Judesein Jesu vorkommt, wie der Begriff »Volk Gottes« verwendet wird und wie Israels bleibende Erwählung in der Heilsgeschichte Ausdruck findet. Diese Auflistung deutet bereits an, wie viel hier zu beachten ist.

> *»Schließlich ist es zu einer vertieften Besinnung auf die allen Kirchen gemeinsamen Wurzeln im jüdischen Gottesdienst und in den Anfängen der Kirche gekommen« (Gottesdienstbuch).*

Das Gottesdienstbuch gibt zum einen Anregungen und Vorschläge, wie und wo die bleibende Verbundenheit mit Israel Ausdruck gewinnt. Öfters wird in den liturgiedidaktischen Hinweisen darauf aufmerksam gemacht, wenn ein liturgisches Stück jüdische Wurzeln hat. Auch Gebete werden gekennzeichnet, wenn sie aus jüdischen Quellen stammen (vgl. z.B. GB S. 451). Bedeutsam ist die Wertschätzung des Alten Testaments. Durch die Verlesung im Gottesdienst soll die Kontinuität göttlicher Verheißung deutlich gemacht und die Abwertung behoben werden, die es in breiten christlichen Kreisen gegenüber dem Alten Testament im Vergleich zum Neuen Testament gibt.

Exemplarisch wendet das Gottesdienstbuch das siebente Kriterium im Propriumsteil für den 10. Sonntag nach Trinitatis (Israelsonntag) und für einen Gottesdienst zum Thema »Christen und Juden« an (vgl. GB S. 368f. und 450f.). Durch Umstellungen in den Lesungen und das Anfügen von alternativen Predigt- bzw. Lesungstexten kann der bisherige Charakter des Israelsonntags verändert werden. In den Gebetstexten erfährt die Erwählung Israels zum Volk Gottes eine besondere Betonung.

Beachtet wurde auch, dass es eine Reihe von sprachlichen Klischees gibt, die ein völlig falsches Bild der damit gemeinten jüdischen Menschen oder Traditionen gibt. Als Beispiel sei der Gebrauch des Begriffs »Pharisäer« genannt. Der Dialog zwischen Christen und Juden hat hier eine neue Sensibilität hervorgebracht.

Wie bei den anderen Kriterien gibt das Gottesdienstbuch nur Anregungen und Hilfestellungen für sachgemäße Bewältigung des angemessenen Redens, das Verbundenheit und nicht Abgrenzung ausdrückt. Die Gestaltungsaufgabe bleibt für jeden Gottesdienst neu.

Dem Gottesdienst
Gestalt geben

A ERÖFFNUNG UND ANRUFUNG

Die Ausgangslage

Kein anderer Teil des Gottesdienstes bietet so viele Gestaltungsvarianten wie der Eingangsteil. Reformvorschläge haben hier seit Jahrzehnten ihren Schwerpunkt. Viele wollen gegen den »Wasserkopf« zu Beginn des Gottesdienstes, den vor allem Grundform I bietet, zumeist Verschlankungen setzen. Geben die einen einem missverstandenen und unflexiblen Gebrauch der traditionellen Liturgie die Schuld an der vermeintlichen oder realen Einförmigkeit und Überlast dieses Gottesdienstteils, machen andere die liturgische Gestaltung an sich für Probleme verantwortlich. Sie fordern gottesdienstliche Formen, die heutiger zeitgenössischer Kommunikation angenähert sind.

Unbestritten ist, dass der Eröffnungsteil unter anderem Elemente der Begrüßung und der Anrufung enthält. Weitgehende Einigkeit herrscht auch darüber, dass zu Beginn des Gottesdienstes der Raum für die Begegnung mit Gott geöffnet werden soll. Wie dies geschehen kann, ist aber bereits in der Tradition unterschiedlich gesehen und beantwortet worden.

Diejenigen, die sich an den gewachsenen Formen des Gottesdienstes orientieren (und mit der Grundform I arbeiten) tendieren dazu, den Reichtum der Tradition aufzuzeigen. In einem variablen, sachgemäßen und zugleich kreativen Umgang mit dem, was sich bis heute bewährt hat, finden sie den Weg zu einer theologisch verantworteten, zeitgemäßen Gottesdienstgestaltung. Schließlich bietet die Tradition sowohl in der Anordnung der Stücke als auch in deren Gestaltungsmöglichkeiten viel mehr Varianten, als allgemein bekannt ist. Sie enthält einen Schatz von Texten und Textformen, der ausreicht, den Gottesdienst zielgruppengerecht und situationsgemäß zu feiern. Sie erlaubt, recht verstanden und recht eingesetzt, sehr viel mehr Flexibilität, als die Handhabung in den Gemeinden vermuten lässt. Zugleich erleichtert sie, sofern die Gemeinde mit ihr vertraut ist, in das gottesdienstliche Geschehen hineinzufinden.

Andere Reformvorschläge sehen in den geprägten liturgischen Formen des Eingangsteils in der heutigen Zeit ein Kommunikationshindernis. Sie machen sie für die hohe Schwelle zum Gottesdienstbesuch verantwortlich, die alle diejenigen überwinden müssen, die den Gottesdienst nicht regelmäßig besuchen. Die Vertreterinnen und Vertreter dieses Ansatzes wollen ein angenehmes und kommunikatives Klima schaffen. Auch durch Vermeidung aller Sprachformen, die nicht für jeden sofort nachvollziehbar sind, wollen sie alle,

Im Lauf der Geschichte hat sich zu den beiden Grundelementen des Gottesdienstes, dem Verkündigungs- und dem Abendmahlsteil, ein zum Teil ebenso großer Eröffnungsteil herausgebildet. Dabei sind die regionalen Traditionen in der Gestaltung sehr unterschiedlich. Zumeist längere liturgisch geprägte Formen stehen dabei neben sehr knappen Eröffnungen. Elemente des Eingangsteiles sind das Glockenläuten, die Musik zum Eingang, das Eingangslied, ein Gruß, Informationen zum Gottesdienstverlauf, ein Votum, ein Psalm, das »Ehre sei dem Vater«, das Vorbereitungsgebet/Sündenbekenntnis, das »Herr, erbarme dich«, der Gnadenzuspruch, das »Ehre sei Gott« und ein Tagesgebet.

aus welchen Gründen auch immer sie den Gottesdienst besuchen, in die Feier mit hineinnehmen. Sie denken dabei vor allem an der Kirche distanziert Gegenüberstehende und suchende Nichtchristen. Jegliches nicht vertraute Traditionsstück aber behindere die Mitfeier. Besonders angegriffen wird in diesem Zusammenhang der liturgische Gruß. Aber auch das im Gottesdienstbuch so genannte Vorbereitungsgebet und das »Herr, erbarme dich« (Kyrie eleison) stehen in der Kritik, wobei zu den kommunikationstheoretischen und psychologischen Anfragen zum Teil auch noch theologische Bedenken hinzukommen.

Der erste Teil des Gottesdienstes wird gegenwärtig sehr unterschiedlich benannt (Eröffnung, Vorgottesdienst, Eingangsteil). Darin spiegeln sich unterschiedliche Auffassungen vom Gottesdienst wider. So hängt viel davon ab, welche der ihrem Charakter nach sehr unterschiedlichen Elemente des Eingangsteils (Begrüßung, Liturgischer Gruß, Informationen als Elemente der Eröffnung, Gesänge und Gebete als Formen der Anrufung, das »Im Namen des Vaters …« und das Sündenbekenntnis mit Gnadenzuspruch als weitere eigenständige Formen des Eingangsteiles) zum Kernbestand des Gottesdienstes gerechnet werden. Von diesen Gewichtungen hängt dann auch die Benennung des Eingangsteiles ab.

»Was Menschen im Eröffnungsteil des Gottesdienstes öffnet, ist jene sich ausbreitende mächtige Atmosphäre, die Herzen anrührt, Seelen bewegt, den Geist erneuert, aber auch in körperliche Aktivitäten umgesetzt werden will.« (Manfred Josuttis).

Die Entscheidung des Gottesdienstbuches

Mit der Benennung »Eröffnung und Anrufung« werden zwei Akzente gesetzt. Zum einen wird beschrieben, dass hier eröffnende Elemente ihren Ort haben. Die Gottesdienst Feiernden sollen in ihren Gottesdienst hineinfinden. Zum anderen wird eine inhaltliche Betonung gemacht. Die Gemeinde ist es, die Gott zu Beginn des Gottesdienstes in Lied und Gebet, Klage und Lob anruft.

Die gültigen Gottesdienstordnungen bilden die Basis für die Gestaltung des Teils »Eröffnung und Anrufung«. Die drei Haupttypen der Eröffnung im evangelischen deutschsprachigen Raum werden nebeneinander gestellt.

- Der erste ist die abendländische Messform, wie sie vor allem in der Vereinigten Evangelisch-Lutherischen Kirche Deutschlands praktiziert wird (Grundform I, Variante A).
- Der zweite ist die in der Mitte des 19. Jahrhunderts entstandene Sonderform dieses Typus, die in den Kirchen der Union ihre Hauptvertreter hat (Grundform I, Variante B).
- Den dritten Haupttyp stellt die im südwestdeutschen Raum entstandene Form des Predigtgottesdienstes dar (Grundform II), der sowohl in einer Lang- wie in einer Kurzversion aufgenommen ist.

Deutlich ist also, dass sich das Gottesdienstbuch an der Tradition orientiert.

Diese Traditionsbindung wird auch im Festhalten an den überkommenen liturgischen Stücken deutlich. Besonders für Grundform I wird betont: »Die überlieferten Elemente der Anrufung verbinden alle, die sich eingefunden haben, mit der singenden und betenden Kirche aller Zeiten« (GB S. 32). Gleichzeitig wird aber auch die Beweglichkeit im Umgang mit der Tradition gefördert. Dies betrifft sowohl die Gestaltungsmöglichkeiten des Eingangsteils selbst als auch die Variationsbreite in den liturgischen Stücken. Dabei finden in Grundform I die traditionellen Formen und Gestaltgebungen mehr Gewicht als in Grundform II. Letztere bietet auch den geeigneteren Rahmen für Gottesdienste in freier und neuer Gestalt.

Für deren Planung werden sehr nützliche Hinweise gegeben (vgl. GB S. 204f.). Während Grundform I auf den zeitübergreifenden gläubigen Mitvollzug der Liturgie zielt, soll der Eingangsteil nach Grundform II zuallererst für das Wort Gottes öffnen und einen zielgruppen- und situationsgemäßen Gottesdienst ermöglichen.

»Zwei Aufgaben hat die Eröffnung des Gottesdienstes vor allem zu erfüllen: Sie soll in den Gottesdienst einstimmen, gemeinsame Erwartungen wecken, eine übereinstimmende Verhaltensbereitschaft unter den Teilnehmenden schaffen … Und: Sie soll deutlich machen, unter welchem Namen und mit welchem Ziel die Teilnehmenden hier zusammenkommen – nicht in ihrem eigenen Namen, sondern im Auftrag und unter der Verheißung ihres Herrn (Matth. 18,20).« (Karl-Heinrich Bieritz).

Auffällig ist, dass letztlich trotz der Behauptung einer gemeinsamen Struktur von Eröffnung und Anrufung mit den Grundformen sehr unterschiedliche Regelformen nebeneinander stehen. Dagegen sind die vorgeschlagenen Varianten in Grundform I, Variante A, gar nicht so verschieden. Sie geben dem Gottesdienst allerdings immer einen deutlich unterschiedlichen Charakter. Gemeinsam haben sämtliche vorgeschlagenen Ablaufvarianten die Elemente

- Glockengeläut,
- Musik zum Eingang
- Lied
- Tagesgebet.

Die Gestaltungsmöglichkeiten

Grundform I, Variante A

Wenn sämtliche für diesen Teil vorgesehenen Stücke verwendet werden, so ist dies die ausführlichste Ausgestaltung des Eingangsteils. Die an der Tradition orientierte Gestaltung der Liturgie hat eindeutig Vorrang. Dabei sollen möglichst wenig frei formulierte Elemente verwendet werden, da diese den Fluss des Gottesdienstablaufes stören könnten. Gegenüber der Praxis der meisten Kirchen, die diese Form verwenden, sind einige (nach rechts gerückte) Stücke nur als Möglichkeit, nicht als die Regel, gekennzeichnet.

EGB: 62

Verlauf:

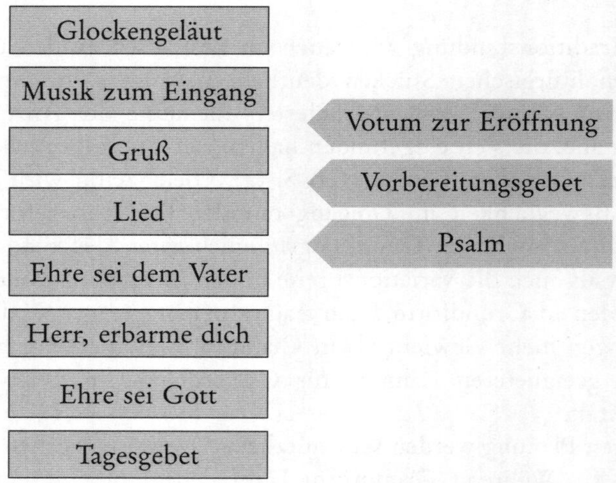

Kritik an Form I

»Die Häufung von drei Eröffnungsgesängen (Introitus, Kyrie, Gloria) und ihr unverbundenes Nebeneinander wird … kaum als sinnvoll empfunden. Das liturgische Geschehen ist für die Gottesdienstteilnehmer wenig durchschaubar, und es ist nicht von ungefähr, dass der Eingangsteil des Gottesdienstes von vielen evangelischen Christen als das eigentlich Liturgische am Gottesdienst aufgefasst wird.« (Rolf Christiansen).

Grundform I, Variante B

Die Besonderheit dieser Variante von Grundform I ist, dass vor dem Gesang des »Herr, erbarme dich« ein Bußgebet bzw. Sündenbekenntnis gesprochen wird. Erst nach einer darauf bezogenen Gnadenzusage folgt der Gloriagesang. Zudem folgt das Eingangslied unmittelbar auf die Musik zum Eingang.

Verlauf:

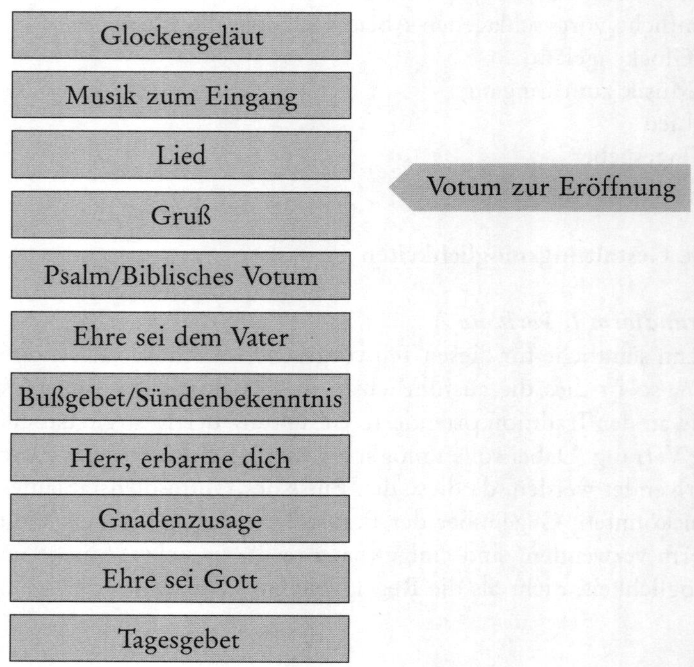

EGB: 134

Grundform II, Normalversion

Grundform II ist sehr stark auf die Predigt hin orientiert. So ist der Eingangsteil auch einfach und knapp gehalten. Da hier keine liturgischen Gesänge vorkommen, bietet diese Form für liturgisch ungeübte Gottesdienstteilnehmer und -teilnehmerinnen einen geeigneten Beginn. Auch für Gottesdienste in freier Gestalt eröffnen sich viele Möglichkeiten.

Verlauf:

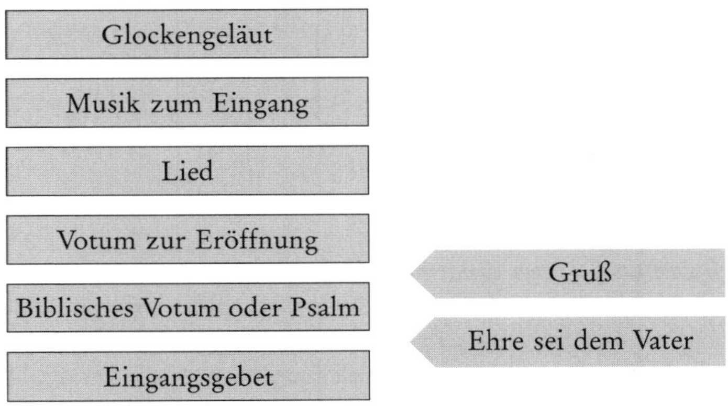

Grundform II, Kurzform

Für kürzere Gottesdienste, wie sie vor allem an Werktagen oder bei besonderen Gelegenheiten gefeiert werden, wird eine »Minimalversion« des Eingangsteils vorgeschlagen. Diese legt sich vor allem auch dann nahe, wenn andere Teile des Gottesdienstes besonderes Gewicht und eine außergewöhnliche Ausgestaltung erhalten.

»Die reformerischen Bemühungen gehen dahin, den Eingangsteil zu kürzen und aufzulockern, um die Vorderlastigkeit des Gottesdienstes zu vermeiden. Ein Eingang ist dazu da, daß man ihn rasch durchschreitet, um ins Innere des Hauses zu gelangen.« (Rolf Christiansen).

Verlauf:

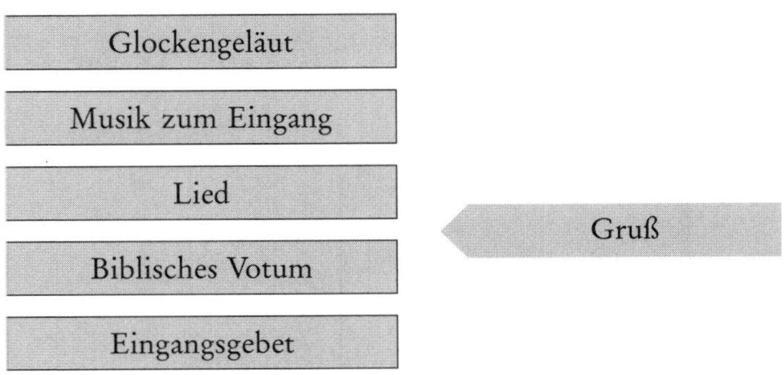

Schwerpunkt Psalm

Eine besondere Akzentsetzung erfährt der Gottesdienst, wenn der Psalm entfaltet wird (vgl. GB S. 38, 508 f.). In diesem Fall entfallen sowohl das »Herr, erbarme dich« als auch das »Ehre sei Gott«.

Psalmkollekte / Gebet zum Psalm

Verlauf:

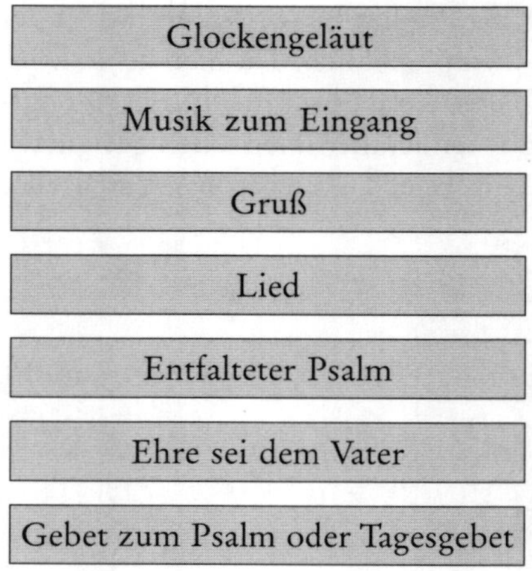

Der »Versuch, den Eingangsteil durch Rollenverteilung und unliturgische Sprache zu vermenschlichen, führte … nicht zu dem angestrebten ›kommunikativen Klima‹ …, sondern zu Schwerfälligkeit und Kopflastigkeit der Eröffnung.« (Jürgen Frank).

Schwerpunkt »Herr erbarme dich« (Kyrie)

Unabhängig davon, in welcher Weise das »Herr, erbarme dich« ins Zentrum des Eingangsteils gestellt wird (vgl. GB S. 38), entfällt nach dessen Entfaltung das »Ehre sei Gott«. Auch der Psalm und das »Ehre sei dem Vater« werden sinnvoller Weise ausgelassen. Allerdings wird weiterhin die Möglichkeit eröffnet, diese beiden Elemente im Gottesdienstverlauf zu belassen.

Verlauf:

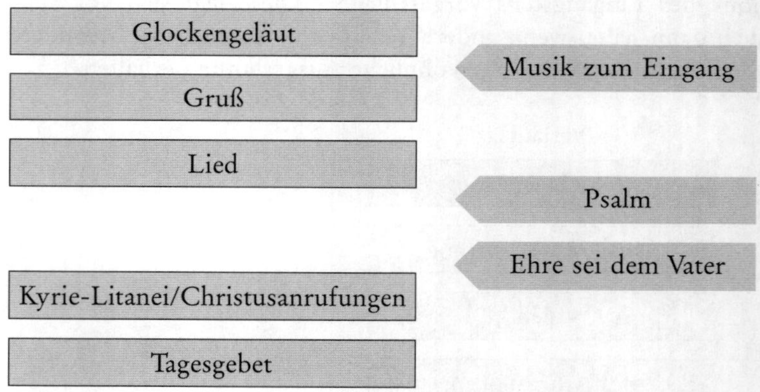

Schwerpunkt »Ehre sei Gott« (Gloria)/Lobpreis

Erhält der Gottesdienst einen besonderen lobpreisenden Charakter (vgl. GB S. 39), so entfällt das »Herr, erbarme dich«. Der Psalm und das »Ehre sei dem Vater« werden dann in der Regel ebenfalls weggelassen.

Verlauf:

- Glockengeläut
- Musik zum Eingang
- Gruß
- Lied
  - Psalm
  - Ehre sei dem Vater
- »Ehre sei Gott«/Lobpreis
- Tagesgebet

Chancen

- Es werden viele Möglichkeiten der kirchenjahreszeitlich bestimmten und situationsgemäßen Gottesdienstgestaltung aufgezeigt.
- Vielfältige Gaben innerhalb der Gemeinde können in diesem Teil zum Einsatz kommen.
- Dem Gottesdienst kann durch die entsprechende Variation des Eingangsteiles ein besonderer Charakter gegeben werden.
- Grundform I eröffnet viele Möglichkeiten der liturgisch gebundenen Gottesdienstgestaltung.
- Grundform II eröffnet viele Möglichkeiten der freien Gottesdienstgestaltung.

Achtung

- Unter dem Gesichtspunkt gelingender Kommunikation ist der Eingangsteil entscheidend.
- Bei der Planung des Eingangsteils ist nicht nur dessen Spannungsbogen, sondern auch die Gesamtdramaturgie des Gottesdienstes zu berücksichtigen.
- Die vielen Gestaltungsmöglichkeiten bergen die Gefahr einer noch größeren Aufblähung des Eingangsteils.
- Die lokalen Traditionen müssen bei der Aufnahme von anderen Gestaltungsmöglichkeiten berücksichtigt werden.
- Der Vollzug des Gottesdienstes ist nicht der Ort, liturgische Stücke zu erklären.
- Auch für diejenigen, die mit dem gottesdienstlichen Geschehen in unseren Kirchen nicht vertraut sind, muss der Eingangsteil verstehbar sein.
- Die Elemente der Eingangsliturgie können nicht als bekannt vorausgesetzt werden.

Lesehinweis: GB S. 32

A 1 Musik zum Eingang/Eingangslied

Die Ausgangslage

Musik gehört von Anfang an zum christlichen Gottesdienst. Verschiedene Gesänge sind wesentliche Bestandteile der Anrufung Gottes. Nach der zumeist von der Orgel gespielten Musik zum Eingang können Gemeindelied, Chorgesang oder im Wechsel gesungene Psalmen (Introiten) folgen. Bei liturgisch gestalteten Gottesdiensten singen die Liturgin bzw. der Liturg und/bzw. der Chor und die Gemeinde im Wechsel. Verschiedene liturgische Gesänge prägen dann den Gottesdienst (z. B. »Herr, erbarme dich«, »Ehre sei Gott«).

Der Formen- und Inhaltsreichtum der musikalischen Gestaltung des Eingangsteiles ist in den letzten drei Jahrzehnten erheblich gewachsen. Zwar dominieren nach wie vor die traditionellen Melodien und Gesänge im Regelgottesdienst, andere Musikstile sind aber auch durch Liederhefte und das neue Gesangbuch »kirchenfähig« geworden. So sind neben die klassische und neuere Kirchenmusik unter anderem eine christliche Popularmusik, Gospelmusik oder verjazzte Kirchenlieder getreten, vor allem auch im Posaunenchorbereich. Immer mehr bricht das Tabu, Musik vom Band oder der CD einzuspielen.

Mit dieser Entwicklung einher geht die Minderung der Dominanz der Orgel in der Kirchenmusik. Während einige von einer Diskreditierung der Orgelmusik sprechen, halten andere dagegen, dass sich andere Begleitinstrumente vor allem für viele neue Gesänge sehr viel besser eignen. Zudem wolle man auch junge Menschen beheimaten, die Orgelmusik sonst nur als Filmmusik kennen und zumeist wenig damit anfangen können. Als Folge wird hier schon lange gefordert, die auch sonst von den Gottesdienstbesuchern gehörte oder gespielte Musik in den Gottesdienst zu integrieren. Beispielsweise steht auch die Gregorianik heftig in der Kritik, obwohl diese selbst in die säkulare Popmusik Eingang gefunden hat. Auch wenn manche Musikstile und -gattungen noch weitgehend im Sondergottesdienstbereich angesiedelt sind (vom Techno- bis zum Operngottesdienst), signalisiert ihr Eindringen in den Gottesdienstbereich eine Entwicklung.

Während es unumstritten ist, dass zu Beginn des Gottesdienstes Musik erklingen soll, gibt es lebhafte Diskussionen um die Stellung des Eingangsliedes. Hier wird gefordert, dass es prinzipiell direkt mit der Musik zum Eingang verbunden werden soll, damit die Gemeinde im Gottesdienst das erste Wort hat und ihn gemeinsam eröffnet. Dagegen stehen konfessionelle und lokale Traditionen und auch die Frage, ob nicht nach der Eingangsmusik zuerst einmal begrüßt werden sollte. Wenn ein Chor an der Gestaltung des Gottesdienstes beteiligt ist, singt dieser oft zu Beginn des Gottesdienstes zum ersten Mal.

»Ich glaube also, wir können uns, wie es in der Reformation geschah, aus der zu einseitigen Vergangenheitsorientierung unserer herkömmlichen Liturgie gleichsam ›hinaussingen‹«. (Christoph v. Lowtzow).

Die Entscheidung des Gottesdienstbuches

Betrachtet man die ausgeführten Liturgien im Gottesdienstbuch, so zeigt sich ein Zug zur Tradition. Dies betrifft sowohl die vorgeschlagenen Gesänge wie die Fortführung der Gregorianik. Hinweise auf verschiedene Musikstile sind vorhanden, aber spärlich. Während liturgisch ein großer Reichtum an Gestaltungsmöglichkeiten vorgeführt wird, ist dieser im musikalischen Bereich nur angedeutet.

Anders ist das bei den Beteiligungsmöglichkeiten. Dem Grundsatz folgend, dass die in der Gemeinde vorhandenen Gaben auch in den Gottesdienst fließen sollen, wird deutlich gemacht, dass die musikalische Gestaltung und Ausführung nicht nur Sache der bezahlten Mitarbeiterinnen und Mitarbeiter einer Gemeinde ist.

»Nur knapp 2 % der Menschen unseres Kulturraums lieben Orgelmusik … Fromme Musik muss nicht notwendigerweise träge und langsam sein.« (Jörg Knoblauch).

Die bestehenden Traditionen hinsichtlich der Stellung des Eingangsliedes werden fortgeschrieben. So gibt es selbst in Grundform I Unterschiede. Entweder wird es den VELKD-Agenden entsprechend in der Regel nach dem Vorbereitungsgebet gesungen oder nach der EKU-Agende direkt nach der Musik zum Eingang. Letzteres gilt auch für Grundform II.

Die Gestaltungsmöglichkeiten

»Und wenn schon, dann stimmt nicht ›die Orgel‹ uns so schön ein, sondern Frau Pfleiderer, die auf der Orgelbank sitzt und spielt.« (Bernhard Leube).

Instrumental-/Chormusik

Es wird offen gelassen, wie die Musik zum Eingang aussieht. Gleichberechtigt werden neben der Orgel »weitere Instrumente« (GB S. 37, 51) oder Chormusik genannt. Dabei wird dem Grundprinzip des Einsatzes verschiedenster Gaben im Gottesdienst ein breites Gestaltungsfeld geöffnet.

Zieht ein Chor zum Eingang ein, so kann dies singend geschehen.

Verknüpfung von Musik zum Eingang mit einem Gemeindelied

Folgt das erste Lied direkt auf die Musik zum Eingang, so liegt es nahe, beides musikalisch zu verknüpfen.

Das Eingangslied

In der Regel ist es als Gemeindelied vorgesehen. Es kann aber auch zusammen oder im Wechsel mit dem Chor angestimmt werden. Insbesondere an Festtagen kann auch der Chor einen Gesang zum Eingang darbieten (vgl. z.B. GB S. 178), der das Gemeindelied ersetzt.

»Der für die Musik Verantwortliche darf niemals den Zweck dieses – zwangsläufig kurzen – Vorspiels aus den Augen verlieren: Es soll uns in die Welt Gottes führen …« (Alfred Kuen).

Grundsätzlich sollte an dieser Stelle ein bekanntes Lied ausgewählt werden, um das Gefühl der Beheimatung im Gottesdienst zu verstärken. Neue Lieder sollten erst im späteren Gottesdienstverlauf gewählt werden. Bei freien Gottesdienstformen wird unter anderem vorgeschlagen, mit dem ersten Lied auch auf das Thema einzustimmen (vgl. GB S. 215) oder es durch Gesten zu unterstützen (vgl. GB S. 222). Normalerweise wird zwischen einem Psalmlied,

»Der Zusammenhang der musikalischen Gestaltung mit der übrigen Komposition des Gottesdienstes setzt Zusammenarbeit und Verabredungen voraus ...« (Jürgen Frank).

einem Lied nach Kirchen-, Tages- oder Jahreszeit bzw. einem Lied mit der Bitte um den Heiligen Geist gewählt.

Liturgische Gesänge und gesungenes Tagesgebet

Die abgedruckten vielfältigen liturgischen Gesänge des Eingangsteiles sind weitgehend für einen Wechselgesang von Gemeinde und Liturgin/Liturg bzw. Chor eingerichtet. Dabei geht das Gottesdienstbuch davon aus, dass nicht nur die in der jeweiligen Gemeinde vertraute Melodie gesungen wird, sondern die Variationsmöglichkeiten des Evangelischen Gesangbuches ausgenutzt werden, auch für Psalm-, Kyrie- und Gloriagesänge. Für den Fall, dass kein liturgischer Chor vorhanden ist und die Liturgin bzw. der Liturg nicht singen kann, empfiehlt das Gottesdienstbuch die sicher nicht unumstrittene Notlösung, dass der Text gesprochen wird und die Gemeinde singend antwortet. Einzelne liturgische Gesänge können auch durch entsprechende Lieder ersetzt werden.

»Die Art der Musik bestimmt, wer kommt. Die Qualität der Musik bestimmt, wie viele kommen.« (Jörg Knoblauch).

Obwohl das Tagesgebet in der Praxis nur sehr selten gesungen wird, werden drei verschiedene Orationstöne angeboten (vgl. GB S. 95–97). Für diejenigen, die nicht so gut singen, legt sich Rezitationston II nahe.

Wechsel von Chor- und Gemeindegesang

Dem Bestreben folgend, Gemeindechöre für einen regelmäßigen Dienst im Gottesdienst zu gewinnen, wird vorgeschlagen, dass insbesondere bei Liedern mit zahlreichen Strophen gemäß der Alternatim-Praxis Gemeinde und Chor im Wechsel singen. Ist kein Chor vorhanden, so kann sich die Gottesdienstgemeinde in Gruppen aufgeteilt abwechseln.

Chancen

- Durch die Wahl der Musik zum Eingang und durch das erste Lied kann der Charakter des Gottesdienstes maßgeblich geprägt werden.
- Hier können die verschiedenen musikalischen Gaben in den Gottesdienst eingebracht werden.
- Situations- und themengemäße bzw. tages- oder kirchenjahreszeitlich bestimmte Liedauswahl ist angebracht.
- Nach Grundform I kann anstelle des Eingangsliedes auch ein entfaltetes »Herr erbarme dich« (s. GB S. 38) gesungen werden.
- Findet ein Einzug der am Gottesdienst durchführend Beteiligten statt, so ist die Musik zum Eingang dafür der sachgemäße Ort.
- Der Gruß bzw. die Begrüßung kann der Musik zum Eingang vorausgehen.

Achtung

- Das im Gottesdienst angekündigte Lied hat nicht nur eine Nummer, sondern zuerst einen Titel.
- Eine Häufung von gattungsmäßig gleichartigen Gesängen im Eröffnungsteil ist zu vermeiden.
- Das erste gesungene Lied sollte allgemein bekannt sein.
- Nicht jedes Lied eignet sich als Eingangslied.
- Unbekannte Lieder sollten vor dem Gottesdienst eingeübt werden (vgl. GB S. 204).
- Unabhängig vom Musikstil gilt: Qualität hat Vorzug.

Lesehinweis: GB S. 32, 61.

A 2 Gruß/Begrüßung

Die Ausgangslage

Die ersten Worte der Liturgin bzw. des Liturgen im Gottesdienst sind ein Gruß. Beim liturgischen Gruß (Salutation) grüßt die Gemeinde zurück. Daneben gibt es auch freie Formen der Begrüßung. An vielen Schaltstellen des Gottesdienstes sind weitere liturgische Grüße vorgesehen.

Die ersten gesprochenen Wörter im Gottesdienst sind von großer Bedeutung für die gottesdienstliche Kommunikation in dem Beziehungsfeld Gott, Begrüßende/r und Gemeinde. Heftig umstritten ist, ob die Begrüßung liturgisch geprägt sein soll. Die einen bevorzugen eine freie Begrüßung. Der Kontakt zur Gemeinde werde so persönlicher hergestellt, das kommunikative Klima wärmer. Sie empfinden dies als menschenfreundlicher. Ein freundliches »Guten Morgen« hole die Gottesdienst Feiernden ganz anders ab als eine geprägte Formel. Noch weitergehend sind Forderungen, dass sich die Gottesdienstteilnehmer/innen untereinander begrüßen.

Dagegen soll für andere beim ersten Sprachakt im Gottesdienst eine klare Ansage stehen. Ein Votum (»Im Namen des Vaters ...«) sage an, dass die Versammelten im Machtbereich des dreieinigen Gottes stehen, ein liturgischer Gruß spreche Segen zu. Gleich bei den ersten Worten werde deutlich, dass Gott der Gastgeber ist und seine Gegenwart geglaubt wird. Ein Kommunikationsgeschehen werde eröffnet, in das zuerst der Dreieinige Gott sowie der/die Begrüßende und die Gemeinde durch ihre Antwort eingebunden werden.

Die Entscheidung des Gottesdienstbuches: Balance von Tradition und Aktualität

»Jeder Glaube, der Bestand haben will, braucht die Formel« (Fulbert Steffensky).

Das Gottesdienstbuch fällt eine klare Entscheidung und eröffnet gleichzeitig viele Möglichkeiten. Überhaupt kein Zweifel wird daran gelassen, dass ein je nach örtlicher Tradition geprägtes Votum oder ein liturgischer Gruß am Anfang stehen sollte. Ein in der (biblischen) Tradition bewährtes Wort markiert den Beginn des gottesdienstlichen Sprachakts. Der liturgische Gruß, der früher zumeist erst vor dem Tagesgebet seinen Ort hatte, rückt also nach vorne. Gleichzeitig werden aber auch verschiedene Möglichkeiten der Einbindung von freier Begrüßung eröffnet. So gibt das Gottesdienstbuch Raum für geordnete Spontaneität. Letztlich wird der Versuch unternommen, eine Balance zwischen Nähe und Distanz sowie zwischen Tradition und subjektiver Aktualität herzustellen. Ein verordnetes Sich-Begrüßen der den Gottesdienst Feiernden – wie dies oft vorgeschlagen wird – ist in den Regelformen nicht vorgesehen; die Möglichkeit wird aber bei freier Gestaltung eröffnet (vgl. GB S. 204).

An weiteren zentralen Stellen des Gottesdienstes sind im Gottesdienstbuch liturgische Grüße vorgesehen, zumeist als Gnaden- oder Segenszuspruch. Zum Teil werden diese im Wechsel von Liturgin/Liturg und Gemeinde gesprochen.

»Die Begrüßungen und die Willkommensworte am Anfang des Gottesdienstes zu unterlassen, um geradewegs zur Anbetung zu kommen, ist kein Beweis für geistliche Rede, sondern Leugnung der Menschwerdung und der menschlichen Verhältnisse« (Alfred Kuen).

Die Gestaltungsmöglichkeiten

Liturgischer Gruß

Je nach örtlicher Tradition oder Situation können ein oder zwei Voten, ein Votum/zwei Voten und ein Gruß oder ein Gruß allein am Anfang stehen. In den ausgeführten Liturgien des Gottesdienstbuches sind das trinitarische Votum aus Mt 28, 19 (»Im Namen des Vaters und des Sohnes und des Heiligen Geistes«; zugleich Tauferinnerung), das biblische Votum aus Psalm 124, 8 (»Unsere Hilfe steht im Namen des Herrn«) sowie ein Segenswunsch (z.B. »Die Gnade unseres Herrn Jesus Christus und die Liebe Gottes und die Gemeinschaft des Heiligen Geistes sei mit euch allen«, vgl. auch GB S. 490) vorgesehen.

»Nicht wir fangen an, sondern Gott hat mit uns bereits angefangen, auch heute und jetzt. Daher die klassische Ansage ›Im Namen Gottes‹, daher der liturgische Gruß.« (Thomas Hirsch-Hüffell).

Bei der Verwendung der verschiedenen Segenswünsche ist darauf geachtet, dass die Antwort der Gemeinde eindeutig ist. Unzweifelhaft geht das Gottesdienstbuch davon aus, dass eine liturgisch versierte Kerngemeinde anwesend ist, obwohl dies nicht vorausgesetzt werden kann.

Wenn die zum Singen eingerichteten liturgischen Stücke gesungen werden, wird auch der liturgische Gruß gesungen.

Freie Begrüßung

Im agendarischen Sonntagsgottesdienst ist eine knappe Begrüßung vor oder nach dem Votum bzw. dem liturgischen Gruß möglich. Sie hängt von der Situation der jeweiligen Gemeinde und dem jeweiligen Anlass des Gottesdienstes ab. Ansatzpunkte für die inhaltliche Gestaltung der Begrüßung können das Kirchenjahr, besondere Anlässe oder aktuelle Ereignisse in der Gemeinde sowie ökumenische Begebenheiten sein.

»Das Entscheidende am Gruß wird seine Kontaktfunktion. Je nach Kontaktbedürfnis und Rollenverständnis variiert die Ausgestaltung. Besonders herzliche, warme Worte versuchen die als distanzierend empfundene Liturgie (incl. liturgische Kleidung) zu überspielen …« (Jürgen Frank).

Bei Familiengottesdiensten oder Gottesdiensten mit reichen Interaktionsformen sind knappe freie Begrüßungen vorgesehen, in denen die Gemeinde willkommen geheißen wird. Hier kann »mit wenigen Sätzen auf das Thema hingeführt und eine inhaltliche Erwartung auf das weitere Geschehen geweckt« (GB S. 210) werden. Auch Informationen, die für den Ablauf des Gottesdienstes wichtig sind, haben hier ihren Platz. Die freie Begrüßung sollte mit einem Votum abschließen.

Familiengottesdienst

»Eine persönliche Begrüßung vermittelt: Die Kirche nimmt die Menschen, die kommen, wahr und ernst. Deswegen heißt das erste Wort ›Herzlich willkommen‹ – dieses einladende Wort hat auch einladende Qualität.« (Fritz Baltruweit).

»Wir haben es nicht anders erwartet: ›Ich begrüße Sie …‹ (es ist nicht auszurotten, der Diener setzt sich an die Stelle des Herrn), dann kurzer Wetterbericht: ›an diesem wunderschönen Tag …‹ (kurze Ortsbeschreibung) ›in unserer schönen Kirche …‹ (dann völlig überraschend): ›zum Gottesdienst mit dem Wochenspruch …‹« (Helmut Kornemann).

Die Kombination von Liturgischer und freier Begrüßung

Grundsätzlich problematisch ist die Verbindung von liturgisch geordneter und freier Begrüßung dann, wenn die freie Begrüßung zwischen liturgisch geprägte Formen (z.B. das trinitarische Votum und den Introitus) gestellt wird. Dadurch wird zuerst eine Kommunikationsform etabliert, die dann wieder abgebrochen und in einem zweiten Schritt erneut aufgegriffen wird. Daher: Freie Begrüßung und Informationen zum Gottesdienst, wo nötig [!], vor dem Eingangslied; danach der »liturgische« Akt, der dann aber auch zügig fortgesetzt wird.

Ansagen

Es wird auch die Möglichkeit eröffnet, Gruß/Begrüßung und Hinweise vor der Musik zum Eingang zu platzieren. Weil es leicht zu unglücklichen Doppelungen (zwei Begrüßungen, Einstimmungen, Themenansagen) kommen kann (– aber auch sonst ist die Doppelung immer ein Problem!), sollte an diesem Ort eine Beschränkung auf Ansagen zum Gottesdienstverlauf vorgenommen werden.

Obwohl es an vielen Orten Tradition ist, die Abkündigungen am Anfang des Gottesdienstes vorzutragen, wird dies bewusst nicht vorgesehen.

Chancen

- Die Teilnehmenden artikulieren sich als gemeinsam Feiernde.
- Die Gottesdienstsituation kommt zur Sprache.
- Gäste werden begrüßt.
- Gemeindeglieder können den Begrüßungspart übernehmen.
- Auf Besonderheiten im Gottesdienst wird hingewiesen.
- Die Gemeinde wird auf das Kommende eingestimmt.

Achtung

- Eine erste Predigt hat hier noch keinen Ort.
- Entertainer/innen haben ein Publikum, keine mitfeiernde Gemeinde.
- Es macht wenig Sinn, im Namen Gottes zu begrüßen, da sonst der Eindruck entstehen könnte, man begrüßt – wie sonst auch – im Namen von jemandem, der nicht kommen konnte.
- Der Formel »Wir beginnen den Gottesdienst im Namen …« entspricht die Begrüßung: »Ich grüße Sie heute mit dem Gruß: Guten Tag«.
- Ein: »Wir beginnen jetzt mit dem Lied …« am Ende der Begrüßung ist unsinnig, da der Gottesdienst längst begonnen hat.
- Eine *freie* Begrüßung wird nicht abgelesen, sondern frei gehalten.
- Wie bei einem Rahmen sollten die Eingangsworte mit dem Schluss des Gottesdienstes korrespondieren (liturgisch gebunden/frei formuliert; gesprochen/gesungen).

- Eine freie Begrüßung sollte mit einem Votum abschließen.
- Auch für die Gemeinde gilt: Gesprochenes wird gesprochen beantwortet, Gesungenes gesungen.
- Ansagen (Abkündigungen), die nicht den Gottesdienstverlauf betreffen, sind an dieser Stelle nicht vorgesehen.
- Liturgische Eröffnung und freie Begrüßung können kombiniert, sollen aber nicht vermischt werden.

Lesehinweis: GB S. 490–492

A 3 Vorbereitungsgebet

Die Ausgangslage

Das Vorbereitungsgebet dient der Zurüstung der Gemeinde am Anfang des Gottesdienstes. Inhaltlich ist es zumeist ein Sündenbekenntnis (Confiteor) oder ein Bußgebet. Oft wird es auch mit einer Gnadenverkündigung verbunden. In neueren Formen wird zumeist die Situation des Menschen vor Gott thematisiert.

In vielen traditionell geprägten Gemeinden ist das Vorbereitungsgebet vor allem dann unverzichtbar, wenn es – als Beichtersatz verstanden – der Zurüstung zum Abendmahlsempfang dienen soll. In anderen Gemeinden wird es dagegen durch Besinnung, Stille, Klage, Dank oder Anbetung ersetzt. Ein Grund liegt darin, dass es äußerst umstritten ist, wie und ob (an dieser Stelle des Gottesdienstes) von Sünde und Schuld gesprochen werden kann und soll. Den verschiedenen gebräuchlichen traditionellen Formen des »Rüstgebets« wird vorgeworfen, dass sie Sünde überstülpen, Schuld einreden und Ängste auslösen. Das gegenwärtige Vermeiden des Redens über Sünde und Schuld unterstützt diese Argumentation.

Demgegenüber wird hervorgehoben, dass es notwendig sei, in der Begegnung mit der Gnade Gottes die eigene Sündhaftigkeit und Schuld zu sehen und zu artikulieren. Auch der alte Gedanke der Zurüstung zur Begegnung mit dem Heiligen (»Reinigung«) wird wieder neu favorisiert.

»Das Rüstgebet bringt einen wichtigen Aspekt christlicher Anthropologie zum Ausdruck: in der Begegnung mit Gott, dem Schöpfer, wird deutlich, daß der Mensch Sünder ist.« (Manfred Kießig).

Die Entscheidung des Gottesdienstbuches

Das Gottesdienstbuch bietet eine große Menge an Gestaltungsvarianten des Vorbereitungsgebets. Den Vorzug erhalten die gebundenen gegenüber den freien Formen. Entgegen mancher bisher geltenden Gottesdienstordnung gehört das Vorbereitungsgebet im Gottesdienstbuch nicht zum Kernbestand des Gottesdienstes. Es kann entfallen. In der ausgeführten Liturgie erhält das dort so genannte »Bußgebet« den Vorzug vor den vielen Gestaltungsvarianten dieses liturgischen Elements. Es enthält entgegen mancher bisheriger Tradition keinen Gnadenzuspruch. Dieser ist lediglich in der Variante enthalten, in der das Bußgebet mit Kyrierufen und die Gnadenzusage mit dem Gloria verbunden sind.

»Die Vorstellung, der Mensch müsse sich zunächst von aller Schuld reinigen, bevor er sich Gott überhaupt nähern dürfe, entspricht nicht dem Wesen des evangelischen Gottesdienstes. Trägt das Rüstgebet dagegen den Charakter einer Besinnung, fügt es sich gut in den Anfangsteil ein.« (Karl-Heinrich Bieritz).

Die Gestaltungsmöglichkeiten

Buß-/Rüstgebet
Angesichts der Gnade und Güte Gottes erinnert die Liturgin bzw. der Liturg in einer Anrede die Gemeinde an das sie von Gott Trennende (Sünde und Schuld), an die eigene Taufe oder aktuelle Notstände. Abschließend fordert er/sie zum Sündenbekenntnis oder

zur eigenen Besinnung in der Stille auf. Sowohl das von der Gemeinde gesprochene Sündenbekenntnis als auch die Gebetsstille können durch ein Gebet aufgegriffen werden. Werden aktuelle Notstände benannt, kann sich die Gemeinde die Bitte um deren Veränderung auch durch Kyrierufe/-gesang zu eigen machen (vgl. GB S. 494–497).

»Wenn all das ausgeklammert wird, was die den Gottesdienst mitfeiernden Menschen an Schuld, Verfehlung und Missglücktem belastet, wird es nur schwer gelingen, die Gegenwart Christi im Abendmahl als befreiend und heilsam zur Sprache zu bringen.« (Günther Geisthardt).

Abholung aus der Situation

Auch für situationsbezogene Ausformungen gibt das Gottesdienstbuch Beispiele. Hier wird durchwegs der Mensch vor Gott thematisiert, mit seinen Sorgen und Ängsten, Erwartungen und Hoffnungen (vgl. GB S. 497–499). Manche dieser Eingangsbesinnungen führen in eine Gebetsstille. Wie weitgefasst das Vorbereitungsgebet verstanden wird, zeigt das ausgeführte Beispiel beim Feierabendmahl. Dort wird vorgeschlagen, in einem kurzen Gebet oder durch einen meditativen Ruf um die Öffnung für den Heiligen Geist zu bitten (vgl. GB S. 215).

»In diesem Teil des Gottesdienstes sind wir eingeladen, uns selbst vor Gott und der Gemeinschaft wahrzunehmen. Traditionell ist das der Ort des Sündenbekenntnisses. Viele haben heute dazu kaum mehr einen Zugang. Doch bei genauer Betrachtung wird deutlich, daß hier ein Angebot liegt, die eigene Person, die momentane Situation wahrzunehmen und zu bedenken. Hier ist der Raum, sich mit sich selbst und anderen in Gottes liebevoller Gegenwart wieder in Beziehung zu setzen. Hier gibt es Raum, aus- und aufzuatmen.« (Andrea Felsenstein-Roßberg).

Bußgebet mit Gnadenzusage

Besonders dort, wo das Vorbereitungsgebet als eine Kurzform der Beichte praktiziert wird, um so auf den Abendmahlsempfang vorzubereiten, folgt auf das Sündenbekenntnis ein Zuspruch der Gnade Gottes, zumeist in Form einer Verkündigung der Vergebung. Unter den verschiedenen möglichen Formen ist hier die Verknüpfung von Sündenbekenntnis und Kyrie sowie von Gnadenzusage und Gloria gewählt. Dabei nimmt die Gemeinde das Sündenbekenntnis mit ihrem Kyriegesang und den Gnadenzuspruch mit einem Gloriagesang auf. Das Sündenbekenntnis mündet dabei zumeist in eine Vergebungsbitte, der Gnadenzuspruch endet mit einem biblischen Votum (vgl. GB S. 500–504).

Bei Gottesdiensten in freier Form eröffnen sich in der Verknüpfung von Kyrie und Gloria reiche Gestaltungsmöglichkeiten. Die Artikulation konkreter Zeiterfahrungen werden mit dem Kyrie verbunden, die Worte des Zuspruchs mit verschiedenen Formen des Lobpreis.

Vorspruch zu Kyrie und Gloria

Wenn Kyrie und Gloria eine besondere Akzentuierung als eigenständige Wechselgesänge zwischen Chor und Gemeinde erhalten, ersetzen kurze Vorsprüche das Sündenbekenntnis und die Gnadenzusage. Vor dem Kyrie werden die Sehnsucht und das Unvermögen der betenden Gemeinde benannt. Vor dem Gloria wird dazu eingeladen, sich auf Gottes Verheißungen einzulassen und in das Gotteslob einzustimmen (vgl. GB S. 505–507).

»Das Problem ist, dass das Sündenbekenntnis in dieser festgefügten liturgischen Form leicht zur Floskel verkommen kann und kein wirkliches inneres Anliegen ist oder dass es sakramental als in sich wirksame Formel zur Sündenvergebung missverstanden werden kann.« (Wolfgang Klippert).

Chancen

- Durch vielfältige Gestaltungsmöglichkeiten kann genau auf die Situation eingegangen werden.
- Aktuelle Nöte und Ängste können aufgegriffen werden.
- Verschiedenste inhaltliche Akzentsetzungen sind möglich.
- Das Confiteor kann auch in einer Aktion gestaltet werden.

Achtung

- Das Vorbereitungsgebet entfällt, wenn nach der Predigt eine offene Schuld gesprochen wird oder wenn direkt vor dem Abendmahl eine Beichte stattfindet.
- Es darf keine Schuld benannt werden, die nicht alle bekennen können.
- Es geht um ein Bekennen der Sünde, nicht der Sünden.
- Die Impulse für das Sprechen oder Singen der Gemeinde müssen eindeutig sein.

Lesehinweis: GB S. 493

A 4 Psalm (mit »Ehre sei dem Vater«)

Die Ausgangslage

Die Psalmen als Gebetbuch der Bibel haben früh im christlichen Gottesdienst einen festen Platz gefunden. Die Auswahl erfolgt zumeist nach kirchenjahreszeitlicher Zuordnung. Das »Ehre sei dem Vater« wurde den Psalmen als Abschluss hinzugefügt, um zu verdeutlichen, dass sie im Geist Christi gebetet werden.

Die Psalmen enthalten einen unschätzbaren Reichtum an Ausdrucksformen des Gebetes. Lob und Dank, Klage und Bitte, werden auch im christlichen Gottesdienst mit Worten der Psalmen artikuliert. Dennoch gibt es stark diskutierte Problemfelder rund um die Verwendung von Psalmen im Gottesdienst. Der am häufigsten vorgebrachte Einwand ist, dass die Sprache und die in den Psalmen verwendeten Bilder ohne Erläuterung, Veränderung oder Kommentierung nicht mehr verständlich sind. Sie seien nicht mehr selbstredend, sondern interpretationsbedürftig. In der Folge sind deshalb sehr viele Aktualisierungen, Zwischentexte oder Neufassungen entstanden.

Auch die Stellung der Psalmen im Gottesdienst ist umstritten. Hier wird im Zuge einer Rückbesinnung auf die ursprüngliche Stellung des Psalms gefordert, ihn wieder an den Anfang zu setzen und mit einem Einzug zu verbinden.

Heftig diskutiert wird auch, ob die Anfügung des »Ehre sei dem Vater« (gloria patri) nicht eine Vereinnahmung und unzulässige Umdeutung der ursprünglich jüdischen Gebete darstellt.

Die Entscheidung des Gottesdienstbuches

Für jeden Sonn- und Feiertag sieht das Gottesdienstbuch einen Psalm vor. Dieser wird »Eingangspsalm« überschrieben, ohne dass er ganz zu Beginn des Gottesdienstes vorgesehen ist. Die Auswahl folgt dem Kirchenjahr und bestimmt oft das Leitbild des Sonntags. Zum gottesdienstlichen Gebrauch werden ganze Psalmen oder zumindest mehrere Verse gewählt. In der Grundform I ist der Psalm ein fakultatives Element, in der Grundform II gehört er zum Kernbestand. In der Regel wird er durch das »Ehre sei dem Vater« abgeschlossen. Dabei sind sowohl die ökumenische Version aller deutschsprachigen Kirchen (»Ehre sei ... wie im Anfang, so auch jetzt und alle Zeit und in Ewigkeit«) als auch der seit der Reformationszeit im evangelischen Bereich gebräuchliche Text (»Ehre sei ... wie es war im Anfang, jetzt und immerdar und von Ewigkeit zu Ewigkeit«) gleichberechtigt nebeneinander gestellt.

»Psalmen ... sind Verdichtung eigener Existenz, die ungeschminkt ausgesprochen wird – sich Gott und Menschen gleichermaßen aussetzt. Die verschiedensten Gefühle schwingen mit, stoßen aufeinander, werden nicht ausgeglichen.« (Friedrich-Karl Barth).

Bei entsprechender Akzentsetzung kann der Psalm zum Schwerpunkt des Eingangsteils werden. Er wird dann durch Aktualisierungen, Verfremdungen, Meditationen oder ein Psalmgebet ergänzt, zum Teil auch ersetzt. Das Gottesdienstbuch eröffnet also die viel-

»Wenn wir ... die Psalmen lesen und beten wollen, so müssen wir nicht zuerst fragen, was sie mit uns, sondern was sie mit Jesus Christus zu tun haben ... Wer betet den Psalter? David betet, Christus betet, wir beten. Wir – das ist zunächst die ganze Gemeinde ... es ist schließlich auch jeder einzelne, sofern er an Christus und seiner Gemeinde teilhat und ihr Gebet mitbetet.« (Dietrich Bonhoeffer).

»Der Wechselgesang unterläuft den Vorführcharakter einzelner und erinnert an den dialogischen Kern der christlichen Botschaft. Den Vollzug der viva vox Evangelii« (Rainer Volp).

»Das Vorstellungs-Material der biblischen Psalmen ist uns nur bedingt zugänglich. Aber es kommen darin Erfahrungen von Erleben und Sich-Erleben zur Geltung, in denen wir uns unverändert wiederfinden: Ja, so ist das!« (Friedrich-Karl Barth).

fältigsten Gestaltungsmöglichkeiten. Im Fall einer solchen Akzentuierung des Eingangsteiles können Kyrie und Gloria entfallen. In der Regel folgt dann dem Psalm eine Gebetsstille.

Die Gestaltungsmöglichkeiten

Gesungene oder gesprochene Psalmen

Der Psalm kann in ganz unterschiedlicher Weise gebetet werden. Je nach örtlicher Tradition wird er gesprochen oder gesungen. Besonders dann, wenn der Psalm von Einzelnen gesprochen wird, bietet es sich an, dass die Gemeinde oder der Chor einen Kehrvers (Antiphon, Singspruch, Kanon, Liedstrophe) als Einleitung und Abschluss singt. Dasselbe gilt, wenn die Gemeinde den Psalm im Wechsel spricht. Es kann auch das »Ehre sei dem Vater« am Schluss stehen.

Wo es eingeübt ist, können die im Evangelischen Gesangbuch abgedruckten Introiten im Wechsel von Vorsänger/Chor und Gemeinde gesungen werden. Die zum Singen eingerichteten Psalm-Introiten haben einen Leitvers (Antiphon) und enden mit dem »Ehre sei dem Vater«. Eine leicht praktikable Variante ist eine Psalmodie des Chores oder eine Solo-Psalmodie. Auch diese werden durch einen Kehrvers der Gemeinde eingeleitet und abgeschlossen.

Eine weitere Wahlmöglichkeit ist ein Psalmlied. Dies kann bereits als Eingangslied gewählt werden. Im Anschluss an ein Psalmlied kann anstelle des »Ehre sei dem Vater« eine Gloria-patri-Strophe gesungen werden, wenn dieses nicht bereits mit einer solchen endet.

Freie Psalmübertragungen

Die vielfältigen Psalmübertragungen, die in den letzten Jahrzehnten entstanden sind und auch weiter geschrieben werden, können an die Stelle eines Psalms treten. Alternativ werden aktualisierende Texte in einen Psalm eingefügt oder Psalmmeditationen zur Sprache gebracht. Als Gestaltungsbeispiel ist im Gottesdienstbuch eine Prozession mit Psalm ausgeführt (vgl. GB S. 221).

Psalm und Gebet zum Psalm (Psalmkollekte)

Da nach dem Gottesdienstbuch die Psalmen in ihrem biblischen Wortlaut bevorzugt zur Sprache kommen sollen, sind hier für eine mögliche Entfaltungsvariante reichlich Materialien abgedruckt. Wenn der Schwerpunkt des Eingangsteils auf dem Psalm liegt und diesem eine Gebetsstille folgt, so wird sie mit einer Psalmkollekte abgeschlossen. 28 Beispiele zu verschiedenen Psalmen sind dafür abgedruckt (GB S. 511–517).

Chancen

- Der Psalm kann im Wechsel gesprochen bzw. gesungen werden.
- Verschiedene Interaktionsformen können praktiziert werden.
- Aktualisierungen oder kontextbezogene Neuformulierungen können Verwendung finden.
- Der Psalm kann den Schwerpunkt des Eingangsteils bilden.

Achtung

- Wir sprechen den Psalm nicht miteinander, sondern beten ihn.
- Der Introitus-Psalm sollte nicht vom Liturgen vorgelesen werden.
- Nur in Ausnahmefällen sollte ein Psalmlied einem Psalm folgen.
- Der Psalm entfällt, wenn ein Psalmlied zum Eingang gesungen wurde.
- Wird der Psalm mit einer Psalmkollekte abgeschlossen, entfällt das Gebet des Tages.
- Das »Ehre sei dem Vater« entfällt in der Karwoche. Es unterbleibt ebenfalls, wenn das Eingangslied mit einer Gloria-patri-Strophe schließt.
- Bei ökumenischen Gottesdiensten sollte die ökumenische Textversion des »Ehre sei dem Vater« verwendet werden.

Lesehinweis: GB S. 508–510 Einleitung zu Psalm + Psalmkollekte

A 5 Herr, erbarme dich (Kyrie)

Die Ausgangslage

Das »Herr, erbarme dich« ist ein Huldigungsruf aus vorchristlicher Zeit. Er wurde auf Christus übertragen, um die Größe, Heiligkeit und Barmherzigkeit Gottes zu vergegenwärtigen und zu bekennen. Allerdings tritt der rühmende Charakter des Kyrie oft zurück. Heute wird das »Herr erbarme dich« wie bei der Geschichte vom blinden Bartimäus zumeist als Bittruf verwendet. Sehr oft wird es in Ausrichtung auf die Dreieinigkeit (Trinität) dreimal gesprochen bzw. gesungen (»Herr, erbarme dich«, »Christus, erbarme dich«, »Herr, erbarme dich«).

Ein sehr breites Variationsspektrum bietet das Kyrie in seinem gottesdienstlichen Gebrauch. Je nach Verständnis wird es als Lobpreis oder als Erbarmensruf verwendet. Der ursprünglich huldigende und preisende Charakter scheint im deutschsprachigen Gebrauch – dort ist das Kyrie eleison mit »Herr, erbarme dich« wiedergegeben – nur für Eingeweihte durch. Ebenso versteht sich der politische Gegenwartsbezug nicht von selbst, in dem den Herren der Welt der »Herr aller Herren« (Offb. 17, 14) entgegengestellt wird. So ist der Einsatz als Bittruf auch mehr verbreitet.

Am Kyrie wird von den verschiedensten theologischen Ansätzen her heftige Kritik geübt. Dabei steht das Gottesbild im Vordergrund. Mit dem »Herren« sehen manche einen despotischen, männlichen Gott, der zur in Jesus Christus offenbar gewordenen Liebe und Geschwisterlichkeit im Gegensatz stehe. Zudem wird häufig die Verwendung der griechischen Sprache im Gottesdienst grundsätzlich abgelehnt (Kyrios = Herr), da die Mitvollziehbarkeit von der Verständlichkeit abhänge.

Dagegen wird betont, dass gerade im »Herr, erbarme dich« eine große Fülle von Bitten gebündelt ist. Diese christuszentrierte Anrufung, die von vielen biblischen (Heilungs-)Geschichten mit einer großen Assoziationsvielfalt verbunden ist, könne und dürfe im christlichen Gottesdienst nicht fehlen.

Die Entscheidung des Gottesdienstbuches

»Das KYRIE als Ausdruck unserer Bitte an Gott … ist umfassender als ein Sündenbekenntnis: Die Bitte fragt, klagt, sehnt sich, sucht, empört sich oder gesteht Resignation ein. Sie ist jedenfalls Ausdruck all dessen, was uns zu schaffen macht: Fehler, Defizite, Belastungen, Sorgen, Versäumnisse, Leiden.« (Friedrich-Karl Barth).

Unbeschadet aller Problemfelder werden die vielfältigen Einsatzmöglichkeiten und Varianten des Kyrie sowohl als Lobpreis wie als Bittruf aufgezeigt. Der gottesdienstlichen Situation in vielen Gemeinden entsprechend, werden auch Ersatzformen für das jeweils übliche agendarische Rüstgebet geboten.

Am Wortlaut des »Herr, erbarme dich« bzw. »Kyrie eleison« wird grundsätzlich festgehalten, da es sich um biblische Worte handelt. Allerdings werden an manchen Stellen Alternativen aufgezeigt (z. B. »Erbarme dich, Gott«, »Christus, erbarme dich«).

Die Gestaltungsmöglichkeiten

Wechselgesang von Chor/Einzelstimmen und Gemeinde

Wird das Kyrie im Wechsel zwischen Gemeinde und Liturgin bzw. Liturg gesungen, so ist es zumeist mit dem folgenden »Ehre sei Gott in der Höhe« (Gloria in excelsis) eng verbunden. In dieser engen Verknüpfung soll die umfassende Bedeutung des Kyrie als Huldigungs-, Bitt- und Bußruf zum Ausdruck kommen. Das »Herr, erbarme dich« kann auch im Wechsel zwischen Chor/Einzelstimme und Gemeinde gesungen werden. Viele Fassungen des Kyrie sind aber auch nur für den Gemeindegesang eingerichtet.

»Jeder liturgische Byzantinismus (Unterwürfigkeit) passt nicht zum Vater Jesu Christi. Wir beleidigen diesen Vater, der auch unser Vater ist, durch gebücktes Dienen, indem wir uns, seine erwachsenen Söhne und Töchter, zu seinen Knechten und Mägden zu degradieren versuchen. Deswegen passt das untertänige ›Kyrie eleison‹ zum kaiserlichen Hof von Byzanz, aber nicht in den christlichen Gottesdienst.« (Christoph v. Lowtzow).

Entfaltetes Kyrie

Das Kyrie kann in verschiedener Weise entfaltet werden. Zumeist soll dabei bei einem konkreten Anlass ein besonderer Aspekt verdeutlicht werden. Das Gottesdienstbuch gibt sehr viele Beispiele für Christusanrufungen im Kirchenjahr (GB S. 521–527). Dabei werden kurze Bekenntnisaussagen über Christus und das von ihm geschenkte Heil den Kyrie-Rufen vorangestellt.

Es können aber auch konkrete Nöte, Klagen oder Bitten den Kyrierufen vorangestellt werden. Die gebräuchlichste Form ist dabei die Kyrie-Litanei, die der Ektenie beim Fürbittengebet (s. S. 96 f.) ähnlich ist (z.B. GB S. 521).

In besonderer Weise wird die Funktion des »Herr, erbarme dich« als Ausdrucksmittel von Betroffenheit und Klage beim Feierabendmahl entfaltet (GB S. 216); beispielhaft ausgeführt ist die Klage mit Kyrie-Gesang beim Gottesdienst mit reicheren Interaktionsformen (vgl. GB S. 225 f.).

Als entfalteter Kyrie-Gesang (z.B. EG 178.4) kann das »Herr erbarme dich« an die Stelle des Liedes zum Eingang treten.

»Die Fülle der im Kyrieruf enthaltenen Bitten – Hilfe an Leib und Seele, Vergebung der Schuld, Bewahrung vor der Versuchung, Erlösung von allem Übel, demütige Huldigung der Heiligkeit und Barmherzigkeit Gottes« ist nicht wiedergegeben, wenn es mit dem Confiteor und dem Gnadenzuspruch verbunden wird (Friedrich Kalb).

Bittruf im Bußakt

Das »Herr, erbarme dich« kann auch als Bittruf einem Sündenbekenntnis bzw. einem kurzen Bußgebet folgen. Mit dem Kyriegesang macht sich die Gemeinde das Bekenntnis bzw. das Gebet zu eigen.

Bittruf bei Fürbitten

Die Entwicklung, dass auch im evangelischen Gottesdienst immer häufiger die verschiedenen Anrufungen und Bitten durch den Kyrieruf von der Gemeinde aufgegriffen werden, wird weiter gefördert. Vor allem in den vorgeschlagenen Ektenien (GB S. 560 ff.) wird der Kyrieruf von der Gemeinde gesprochen oder gesungen.

»Beim Singen des üblichen Straßburger Kyrie hat niemand das Empfinden, einen ›Heilruf‹ anzustimmen. Die heute aus der orthodoxen Tradition herübergeholten Kyriegesänge erwecken den Eindruck von Klageliedern oder Bußgesängen.« (Rolf Christiansen).

»Herr, erbarme dich« und Vaterunser
Am Karfreitag wird das Kyrie im Eröffnungsteil mit dem Vaterunser verbunden (vgl. GB S. 180).

Chancen

- Das entfaltete Kyrie nimmt die Nöte und Sorgen der Feiernden auf.
- Das »Herr erbarme dich« kann sehr vielfältig eingesetzt werden.
- Das entfaltete Kyrie kann den Schwerpunkt des Eingangsteils bilden.

Achtung

- Wird eine Kyrie-Litanei gesprochen, so kann auf das Fürbittengebet nach der Predigt verzichtet werden.
- Das Kyrie entfällt, wenn ein Psalm oder das Gloria besonders entfaltet wird.
- Werden an anderer Stelle im Gottesdienst Kyrierufe eingefügt (z.B. beim Fürbittengebet, so entfällt das »Herr, erbarme dich« im Eingangsteil.
- Wird das »Herr erbarme dich« an der Stelle des Liedes zum Eingang gesungen, folgt laut Gottesdienstbuch das Gloria unmittelbar.

Lesehinweis: GB S. 28f., 520

A 6 Ehre sei Gott (Gloria in excelsis)

Die Ausgangslage

Die zumeist gesungene Rühmung und Anbetung Gottes hat in den letzten Jahren eine besondere Betonung erfahren. Einflüsse aus der charismatischen Bewegung, aber auch ein verändertes Lebensgefühl und eine von Wohlstand geprägte Gesellschaft geben Lob und Dank mehr Raum im Gottesdienst. Gegen diese mehr charismatische Deutung des »Ehre sei Gott« wird allerdings nicht zu Unrecht angeführt, dass dies in erster Linie eine Herrschaft Gottes ansage.

Die traditionellen Ausformungen des »Ehre sei Gott« bestimmen überwiegend das Bild. In Gemeinden, die den Gottesdienst nach Grundform I feiern, ist das gesungene »Ehre sei Gott in der Höhe ...« mit anschließender Liedstrophe »Allein Gott in der Höh sei Ehr« (EG 179) üblich und kaum angefochten. Das sogenannte »große Gloria« (EG 180, 1) wird in der Regel nur an Festtagen gesungen.

Das Gloria ist eine dem Engelslob aus Lukas 2,14 nachgebildete (zumeist gesungene) Rühmung und Anbetung durch die Gemeinde. Das »Ehre sei Gott« ist ein an Gott gerichteter Lobpreis, das »Friede auf Erden« eine an Christus gerichtete Bitte. Im sogenannten großen Gloria (EG 180, 1) werden diese beiden Elemente ausgeführt, mit Rühmungen (Doxologien) abgeschlossen und trinitarisch gebündelt.

Die Entscheidung des Gottesdienstbuches

Für die Grundform I bleibt die enge Verknüpfung von »Herr erbarme dich« und »Ehre sei Gott« die Regel. Bevorzugt werden gesungene Varianten des Gloria, da die menschliche Stimme »als das eigentliche Organ des Gotteslobs zur Geltung kommen« soll (GB S. 205). Auch bei den freien Gottesdienstformen ist die Zusammengehörigkeit von Kyrie und Lobpreis durchgehalten. Dennoch kann auch eine besondere Akzentsetzung allein beim Lobpreis liegen, etwa in einem Lobpreisgottesdienst (vgl. S. 208). In Grundform II ist das »Ehre sei Gott« nicht vorgesehen.

»Das GLORIA als Ausdruck unseres Dankes gegenüber Gott ist umfassender als eine Gnadenverkündigung: Der Dank freut und verwundert sich, ist überrascht und erleichtert, entdeckt und vertraut. Er ist Ausdruck all dessen, was uns hilft: Aussicht und Einklang, Begleitung, Versöhnung und Liebe.« (Friedrich-Karl Barth).

Die Gestaltungsmöglichkeiten

Enge Verknüpfung mit dem »Herr erbarme dich«
In der Verknüpfung mit dem Kyrie wird das »Ehre sei Gott« mit dem anschließenden Glorialied in seinen traditionellen Formen als Normalfall vorgeschlagen. In Entsprechung zum »Herr erbarme dich« kann dem Gloria ein kurzes biblisches Votum vorangestellt werden, das die Heilszusage des Evangeliums zuspricht. Bei freien Formen können nach Klage und Kyrierufen Worte des Zuspruchs und der Hoffnung durch Gloria-Rufe der Gemeinde in alten und neuen musikalischen Formen aufgenommen werden (vgl. GB S. 216).

»Der Unterwerfung im Kyrie korrespondiert die Anbetung durch das Gloria. Beides gehört unverzichtbar zusammen. Eine Unterwerfung, die nicht in Anbetung mündet, wird zum Akt eventuell sogar masochistischer Kapitulation. Und eine Anbetung, die ohne explizite Unterwerfung auskommt, kann die Grandiositätsphantasien der Anbetenden beflügeln.« (Manfred Josuttis).

»An keinem liturgischen Stück wird es so augenfällig wie am Gloria, in welchem Maße die Gesamtliturgie ein großer kunstvoller Bildteppich ist, in dem einerseits die einzelnen liturgischen Stücke ein Eigendasein führen, andererseits aber alle zusammen ein kunstvolles Ganzes ergeben. So steht das Gloria nicht nur in einer engen Beziehung zum Te Deum, zum Kyrie, Credo, Sanctus und Agnus Dei, sondern diese Stücke sind gleichsam mosaikartig in dem Gloria verwoben.« (Karl Ferdinand Müller).

»Kyrie (nach Luthers Deutscher Messe), Gloria (nach Spangenberg) Sonntag für Sonntag, jahrein, jahraus, Passionszeit, Ostern, Pfingsten, Advent, Weihnachten. Ist das nun Ausdruck für die Glaubensstabilität der Gemeinde oder für Fantasielosigkeit?« (Helmut Kornemann).

Großes Gloria

Das »Ehre sei Gott« kann nicht nur an Festtagen mit dem großen Gloria (Laudamus, EG 180, 1) verbunden werden, sondern auch an anderen Sonntagen, bei denen der Lobpreis eine besondere Betonung erfahren soll. Es wird auch vorgeschlagen, das Laudamus gelegentlich nach dem Empfang des Abendmahls als dankbaren Lobpreis im Sendungsteil des Gottesdienstes zu singen. An die Stelle des Laudamus kann hier auch ein »Herr Gott, dich loben wir« (Te deum, EG 191) oder bei freien Gottesdienstformen andere Gesänge (vgl. GB S. 207) treten.

Akzentsetzung Lobpreis im Eingangsteil

Soll der Gottesdienst in besonderer Weise einen lobpreisenden Charakter haben, entfallen Psalm und »Herr erbarme dich«, und der Lobpreis erfährt eine besondere Ausformung. »Durch Singkanons, Zusingen in Gruppen, Ansingen von Refrainliedern, Wechsel zwischen Chor- und Gemeindegesängen, singendes Umschreiten des Raumes kann ein den Raum erfüllender Lobgesang entstehen« (GB S. 205). Besondere Gestaltungsaufgaben sind hier vor allem an die Kantorinnen und Kantoren gestellt.

Chancen

- Eine Betonung des Lobpreises nimmt das positive Lebensgefühl von Gottesdienst Feiernden auf.
- Das entfaltete Gloria kann den Schwerpunkt des Eingangsteiles oder des Schlussteils bilden.
- Wird das »Ehre sei Gott« durch ein Gloria-Lied gestaltet, kann die Liturgin bzw. der Liturg dazu die Intonation singen.

Achtung

- Auch Vers 1 von Lied 131 kann nicht als allgemein bekannt vorausgesetzt werden. Ein Anschlag ist notwendig.
- Das Gloria entfällt vom 2. bis zum 4. Adventssonntag, in der Passionszeit (außer am Gründonnerstag) sowie am Bußtag und an Werktagen.
- Wird nur der Anfang des Gloria im Wechsel gesungen, so wird das Laudamus von der Gemeinde als Lied ausgeführt (EG 179, 2–4).

Lesehinweis: GB S. 29f.

A 7 Stille

Die Ausgangslage

Besonders bei freien Gottesdienstformen ist die Stille ein gestaltendes und sammelndes Element. Momente des sammelnden Hörens in der Stille, der Raum für die Anbetung oder das Nachklingen des Erlebten, das alles ist manchen gerade angesichts des für viele hektischen und ruhelosen Alltags besonders wichtig geworden. Insbesondere meditative Gottesdienste tragen diesem Bedürfnis Rechnung.

Christlicher Gottesdienst hat seit jeher Momente des »Heiligen Schweigens« (sacrum silentium). Er setzt voraus, dass Jesus Christus anwesend ist. Eine der angemessenen Antworten auf die geglaubte Gegenwart Gottes ist das ehrfürchtige, anbetende Schweigen.

Dennoch sind Momente der Stille im Gottesdienst nicht unumstritten. Wer nicht geübt ist, sie auszuhalten, für den kann eine Minute der Stille sehr lang werden. Es ist mit einer ganzen Reihe von Gottesdienstbesuchern zu rechnen, die mit ihr nichts anfangen können und diese als unangenehm oder als Leerlauf empfinden. Deshalb wird auch gefordert, dass auf die Stille im Gottesdienst gut vorbereitet und sie entsprechend eingeleitet werden muss.

Die Entscheidung des Gottesdienstbuches

Vergleicht man das Gottesdienstbuch mit herkömmlichen Agenden, so fällt auf, wie häufig hier Raum für Stille gegeben wird. Dafür wird keine Begründung gegeben, aber an vielen Stellen wird auf die Möglichkeit hingewiesen. Manchmal wird die Stille dezidiert eingeleitet (z.B. beim Eingangs-, Tages- oder Fürbittengebet), an anderen Stellen aber auch nicht (z.B. beim Eingangspsalm oder dem Vorbereitungsgebet). Hinweise darauf, ob in einem Gottesdienst mehrere Momente der Stille sein sollten oder nicht, fehlen.

»Aktiv zu schweigen, still zu werden, gelingt … nicht beim ersten Versuch, sondern will geübt werden, am besten zunächst in einer kleineren, vertrauten Gruppe.« (Brigitte Enzner-Probst).

Auf manche liturgisch sinnvolle Zeiten für Stille wie beispielsweise nach einer Schriftlesung wird nicht hingewiesen.

Die Gestaltungsmöglichkeiten

Stille zu Beginn des Gottesdienstes

Gleich zu Beginn des Gottesdienstes ist die Möglichkeit einer sammelnden Stille vorgesehen. Hier sollen die Feiernden zur Ruhe kommen und sich innerlich auf die Begegnung mit Gott vorbereiten. Eine »persönliche stille Bitte um den Segen des Gottesdienstes kann von einem zur Besinnung führenden Vorbereitungsgebet aufgenommen werden« (GB S. 204). Aber auch im Vorbereitungsgebet selbst wird eine Gebetsstille nahegelegt (vgl. GB S. 65).

»Die Kunst, das Fest zu bereiten, liegt ja gerade darin, durch Zonen der Stille zu einer Kontemplation aufzufordern, in der gegenseitige Anmutungen nicht verwischt werden, sondern zu neuer Wirklichkeit gerinnen.« (Rainer Volp).

»Wirkliche Stille bedeutet, dass auch die Gedanken, die Gefühle, das Herz zur Ruhe kommen ... Sie ist die Ruhe des inneren Lebens. Sie ist die Tiefe des verborgenen Stromes. Sie ist gesammelte Anwesenheit, Offenheit und Bereitschaft.« (Romano Guardini).

»Der einzelne [hat] das Recht, sich und seine persönlichen Anliegen vor Gott zu tragen. Hinzu kommt, dass Texte und Zeichen der inneren Aneignung bedürfen, die bevorzugt in innerer und äußerer Stille zu verwirklichen ist.« (Adolf Adam).

Stille für persönliche Gebetsanliegen

Am vielfältigsten sind die Vorschläge zur Gestaltung von Phasen der Stille während mancher Gebete. Zumeist entsprechend eingeleitet, wird bei Eingangs-, Tages-, Fürbitten- und Dankgebeten Raum für das stille Vorbringen von individuellen Gebetsanliegen geöffnet.

Stille nach der Verlesung des Evangeliums

Nachdem die Gemeinde den Lobpreis nach dem Evangelium durch ihren Lobruf aufgenommen hat, kann eine kurze Stille eintreten.

Stille nach der Predigt

Sowohl in Grundform I als auch in Grundform II ist die Möglichkeit einer stillen Zeit nach der Predigt vorgesehen. Dabei legt sich das sicher nicht bei jeder Predigt nahe. Sinnvoll ist es, wenn sie in die Stille führt, um dort dem persönlichen Dank für die erfahrene Gnade Gottes oder der Erkenntnis und dem Bekenntnis der Sünde Raum zu geben.

Stille beim Abendmahl

Das Gottesdienstbuch sieht die Möglichkeit einer Zeit der Stille sowohl während der Austeilung von Brot und Wein als auch nach der Austeilung vor. Nach der Austeilung kann die Stille auch mit dem Dankgebet verbunden werden.

Chancen

- Persönliche Gebetsanliegen können vor Gott gebracht werden.
- Der Charakter des Gottesdienstes wird durch Momente der Stille verändert.
- Meditationsgottesdienste kommen einem Grundbedürfnis vieler Gemeindeglieder nach.
- Während einer Stillephase kann Musik erklingen oder auf ein Bild bzw. einen Gegenstand im Raum hingewiesen werden, der dem stillen Bei-Sich-Bleiben Struktur und eine Füllung gibt.
- Es können Räume für die Gottesbegegnung und die damit verbundene Selbstreflexion geöffnet werden.

Achtung

- Auf Stille sollte vorbereitet werden.
- Stille will gestaltet sein. Besonderes Gewicht kommt den Hinführungen zu.
- Stille ist aktives Schweigen, nicht nur Abwesenheit von Wörtern oder Musik.
- Einer Gemeinde, die unerfahren ist, die Gebetsstille mit Inhalten zu füllen, kann die Liturgin bzw. der Liturg durch Nennung von Gebetsanliegen Hilfestellungen geben.

- Außerhalb von Gebeten können Stillephasen peinlich werden, wenn sie nicht eingeführt sind.

Lesehinweis: GB S. 204

A 8 Tagesgebet / Eingangsgebet

Das Tagesgebet (auch Kollektengebet genannt) ist in der Regel kein selbstständiges Gebet. Vielmehr stellt es den Abschluss der Anrufungen des Eingangsteils dar. Es hat einen festen Aufbau: 1. Anrede Gottes, 2. Aussage über Gottes Heilswirken, 3. Bitte um Gottes Gaben, 4. Gebetsabschluss, 5. Amen. Dieser festgelegte Rahmen soll das Mitbeten dieser prägnanten und knappen Gebetsform erleichtern. Wird das Gebet mehr am Anfang des Gottesdienstes gesprochen, hat es die Funktion eines Eingangsgebets. Dieses ist eigenständig und freier zu gestalten. Oft enthält es die Bitte um Gottes Gegenwart und greift das Thema des Gottesdienstes, der Lesung(en) oder der Predigt auf.

Die Ausgangslage

Die Stellung des Gebetes im Eingangsteil ist wesentlich für seine Gestalt. Wird es als Abschluss der Anrufungen im Eingangsteil gesprochen, so hat es in der Regel die Form eines Kollektengebetes, und das Vorangehende wird darin gebündelt. Dabei werden mancherorts überlieferte Sprachformen bevorzugt, sehr oft aber auch innerhalb des vorgegebenen Schemas neu und freier formuliert. Kritik am Kollektengebet richtet sich zumeist gegen dessen traditionelle Ausprägung, sowohl was seine Sprachgestalt als auch die Verwendung von Gottesanreden und biblisch geprägten Bildern betrifft.

Wird das Gebet als Eingangsgebet gesprochen, sind die Gestaltungsmöglichkeiten vielfältig. Das Eingangsgebet bietet Raum für Meditation, Anbetung, Bitte um den Segen Gottes und Dank. Oft ist es auf das Thema des Gottesdienstes und der Verkündigung bezogen.

Wie bei allen Gebeten wird auch beim Tagesgebet/Eingangsgebet die Frage der angemessenen sprachlichen Gestaltung intensiv diskutiert. Nach Phasen der Bevorzugung traditioneller, umgangssprachlicher oder meditativer Sprache wird derzeit poetische Sprache favorisiert.

Die Entscheidung des Gottesdienstbuches

Grundsätzlich wird zwischen Tagesgebeten nach Grundform I und Eingangsgebeten nach Grundform II unterschieden. Beim Kollektengebet wird am klassischen Aufbau festgehalten. Gleichberechtigt stehen überlieferte und neu formulierte Formen nebeneinander. Da der Sinn der Kollekte, als eines die vorhergehende Anrufung zusammenfassenden Gebetes, bei den vielen Varianten im Eingangsteil nicht immer leicht erkennbar ist, wird auch vorgeschlagen, eine sammelnde Stille vor dem Gebet einzufügen.

»… der formale Aufbau [sc. des Kollektengebetes] folgt dem Stilgesetz der Verdichtung. Anrede an den Vater, Bitte um eine bestimmte Gabe, Berufung auf die Mittlerschaft Jesu Christi erfordern ebenso eindeutige wie allgemeine, umfassende wie elementare Aussagen. In den klassischen Kollektengebeten geht es hauptsächlich um Prozesse der Erhellung und Klärung, der Reinigung und Befreiung, der Erneuerung und Erweckung.« (Manfred Josuttis).

Da das Eingangsgebet bei Grundform II als »Kernstück des Eingangsteils« (GB S. 534) verstanden wird, sind hier auch die Entfaltungs- und Gestaltungsmöglichkeiten viel breiter. Ein festes Schema gibt es nicht. Allerdings legt das Gottesdienstbuch bei sämtlichen Gebeten Wert darauf, dass sie einen erkennbaren Abschluss haben, damit die Gemeinde ihr »Amen« sprechen (oder singen) kann.

Sprachlich legt sich das Gottesdienstbuch nicht fest, sondern stellt verschiedene Sprachformen zur Auswahl nebeneinander. Grundsätzlich wird die Aufforderung zum Gebet: »Lasst uns beten« nahegelegt.

»Der Gebetsbedürftigkeit ist nicht aufzuhelfen mit agendarischen Gebeten, die keine gedanklichen und gefühlsmäßigen Entwicklungen erkennen lassen. Sie ist vielmehr auf erlebbare Lernerfahrung angewiesen, die in den Gebeten angelegt sind und deutlich machen, wie man heute in den Vorgang des Betens – des persönlichen Betens und des Betens mit anderen – hineinfinden kann.« (Friedrich-Karl Barth).

Die Gestaltungsmöglichkeiten

Tagesgebet / Kollektengebet

Bei den kirchenjahreszeitlich wechselnden Stücken sind für jeden Sonn- und Feiertag drei Tagesgebete zur Auswahl vorgeschlagen, die zumeist das Thema des Tages aufgreifen. Dabei sind neben traditionellen auch freier formulierte Versionen abgedruckt. Sie sollen sachgemäße Muster für selbst formulierte kurze Gebete darstellen. Neben den kirchenjahreszeitlich geprägten Gebeten sind auch verschiedenste Anlässe und Themen bedacht (s. GB S. 530–533). Hilfreich und gut verwendbar sind die im Gottesdienstbuch auf S. 529 zusammengestellten Beispiele für Gebetsabschlüsse (Konklusionen). Hier stehen neben trinitarischen und christologischen Gebetsabschlüssen auch einige in freier Sprachform.

Bei Gottesdiensten in freier Gestalt kann der Eingangsteil durch ein vom Thema geprägtes Gebet abgeschlossen werden. Hier kann sich auch die Bitte um Gottes Zuwendung, um sein Wort und um seinen Geist nahe legen.

»Beten im Sinne Jesu ist kein Informieren Gottes, keine Selbsterinnerung des Beters an die Nöte unserer Welt. Es ist vor allem ein Sich-Hineinbegeben in Gottes Willen.« (Christoph v. Lowtzow).

Eingangsgebet

Sehr viel variantenreicher und in der Form vielgestaltiger sind die abgedruckten Eingangsgebete (GB S. 534–538). Wir finden hier reine Dankgebete neben Bittgebeten unterschiedlichster Art, in die Stille führende Gebete und meditative Ausformungen. Da das Eingangsgebet nach Grundform II die Funktion des Vorbereitungsgebets nach Grundform I haben kann, wäre hier auch der Ort, Schuld zu benennen, wenn dies vorgesehen ist. Für Gottesdienste mit kleiner Teilnehmerzahl wird auch ein frei formuliertes Gebet vorgeschlagen.

»Das Kollektengebet stellt wohl die gedanklich am stärksten verdichtete Gebetsform des Gottesdienstes dar. Je besser sie gelingt, desto stärker vermittelt sie den Eindruck differenzierbarer Gemeinsamkeit« (Helmut Kornemann).

Chancen

- Wenn das Gebet am Eingang gesprochen wird, kann darin auf die jeweilige Situation eingegangen werden.
- Wird das Gebet als Abschluss des Anrufungsteils gesprochen, bietet es Raum zu Konzentration und Sammlung.

Achtung

- Die Gemeinde muss wissen, wann gebetet wird (deutliches Signal!).
- Die Einladung zum Gebet sollte weder im militärischen Indikativ: »Wir beten« noch mit der Unterstellung: »Wir wollen beten« ausgesprochen werden.

- Ein Gebet richtet sich stets an Gott. Wollen sich die das Gebet Sprechenden an die Gemeinde wenden, so ist hier der falsche Ort.
- Ausgrenzende Aussagen und Sprachformen sind zu vermeiden.
- Wenn die Gemeinde zum Gebet aufstehen soll, so ist dies deutlich zu machen.
- Wird der Eingangsteil nach Grundform I im Wechselgesang ausgeführt, so sollte das Tagesgebet auch gesungen werden.
- Wird das Eingangsgebet nach Grundform II mit der Offenen Schuld verbunden, so entfällt diese nach der Predigt.
- Falls noch kein liturgischer Gruß gesprochen wurde, geht er dem Tagesgebet voraus.
- Gebet ist weder Predigt noch Begrüßung. Vorsicht vor der Verformung des Gebetes mit Elementen anderer Sprachformen.

Lesehinweis: GB S. 528 f., 534

B VERKÜNDIGUNG UND BEKENNTNIS

Die Ausgangslage

Traditionell wird dieser Teil, der in der Predigt seinen Höhepunkt hat, von vielen als der zentrale des evangelischen Gottesdienstes angesehen. In den letzten Jahrzehnten ist er sehr viel variabler und vielgestaltiger geworden. Interessant ist, dass dabei sowohl ein Trend zur Verkürzung als auch dazu gegenläufig einer zur Anreicherung des Verkündigungsteils festzustellen ist.

Zur Verkürzung führt zum einen die Tatsache, dass die zentrale Rolle der Wortverkündigung nicht mehr unumstritten ist. Zum anderen sind es vor allem die in traditioneller Sprache verwendeten Stücke, die in der Kritik stehen und durch Allgemeinverständliches ersetzt oder gestrichen werden sollen. Gegen die oft beklagte Wortlastigkeit des evangelischen Gottesdienstes wird auf vermehrte Abendmahlshäufigkeit oder alternative Formen wie beispielsweise eine Symbolentfaltung oder eine Aktion gesetzt. Besonders wenn das Abendmahl gefeiert wird, werden vermehrt Straffungen im Verkündigungsteil vorgenommen. Dem Trend zur Verkürzung dieses Teils fallen vor allem Lesungen und Gesänge zum Opfer. Auch die Predigt verliert zunehmend ihre in vielen evangelischen Kirchen ehemals unangefochtene Sonderstellung. Alternative Elemente wie Gespräche, Anspiele, Pantomimen oder Sprechmotetten sind meist sehr viel knapper gehalten. Abgeklungen ist die Kritik an der Geldsammlung nach der Predigt, da und dort fällt sie aber immer noch weg.

Zur Ausweitung des Wortteils, der von manchen als Anreicherung, von anderen aber als Aufblähung empfunden wird, tragen gleich mehrere Entwicklungen bei. Der ökumenische Austausch führte zu der Forderung nach drei gottesdienstlichen Lesungen und zum häufigeren Gebrauch des Nicaenischen Glaubensbekenntnisses als gemeinsames traditionelles Glaubenszeugnis der Christenheit. Der Behauptung, dass biblische und überkommene Texte nicht ohne weiteres verständlich sind, hat zu einführenden oder erklärenden Erläuterungen, besonders vor den Lesungen (Praefamen), oder auch zu deren szenischer oder bildnerischer Gestaltung geführt. Auch die Ersetzung von Traditionstexten durch individuell gestaltete Stücke führt oft zu längeren Elementen (z.B. Entfaltungen des Glaubensbekenntnisses, freies Zeugnis des Glaubens, Aktualisierungen).

Die besondere Betonung der Verkündigung des Wortes Gottes kommt auch in der Benennung des zweiten Gottesdienstteils zum Ausdruck. Dies spiegelt sich in den gebräuchlichen Bezeichnungen

Der Wortteil des Gottesdienstes ist überwiegend von Elementen der Verkündigung (»Wort Gottes«) gekennzeichnet. Dazu kommen antwortende, lobpreisende und meditative Stücke (»Antwort der Gemeinde«). Innerhalb dieser einfachen Grundstruktur gibt es viele Variationsmöglichkeiten, die sehr stark von der Anzahl der Lesungen, der Stellung des Glaubensbekenntnisses und der Schwerpunktsetzung abhängen. Elemente des Wortteils sind die Lesungen, liturgische Wechselgesänge, Wochen- und Predigtlied, Predigt, Glaubensbekenntnis, Dankopfer, Abkündigungen und Fürbitten.

»Die frohe Botschaft mitzugestalten, also das tun, *was wir gewöhnlich »Verkündigung« nennen, heißt, einen Gang, einen Blick, ein Wort zu riskieren, pointiert und unverwechselbar: den Dienst des Zeugen.« (Rainer Volp).*

Wortgottesdienst, Wortteil bzw. Verkündigungsteil oder auch in der Beschreibung »Schriftlesung und Verkündigung«. Dagegen betonen andere Benennungen mehr die menschliche Haltung und Antwort auf das Wortgeschehen (z. B. »Wahrnehmen und Bekräftigen«).

Die Entscheidung des Gottesdienstbuches

Mit der Benennung »Verkündigung und Bekenntnis« wird die Korrespondenz von göttlicher Verheißung und menschlicher Antwort betont. Gegenüber den oben genannten Benennungen wird der menschlichen Antwort eigenes Gewicht gegeben. Erscheinen schon dadurch die Gottesdienst Feiernden als aktiv Handelnde, so wird dies noch durch die vielen Möglichkeiten verstärkt, aktiv neben der Liturgin bzw. dem Liturgen eine Rolle zu übernehmen. Dafür bieten sich vor allem das Lesen der Schrift, persönliche Glaubenszeugnisse, die Alternativen zur Predigt bzw. das Glaubensgespräch, die musikalische Gestaltung, das Einsammeln des Dankopfers (Kollekte) und das Fürbittengebet an.

»Heute ist man bemüht, innerhalb des Komplexes ›Wort Gottes – Antwort der Gemeinde‹ mehr Variationsmöglichkeiten als bisher gelten zu lassen.« (Friedrich Kalb).

Grundform I enthält gegenüber bisherigen Agenden sowohl Ergänzungen als auch mehr Flexibilität. Die Fülle der sinnvollen Gestaltungsmöglichkeiten ist auffällig. Auch in diesem Teil lässt sich wieder ein starkes Festhalten an der Tradition festmachen. Die meisten Veränderungen sind durch ökumenische Einflüsse hervorgerufen. Diese bewirken vor allem eine Vermehrung des traditionellen Textbestands und Umstellungen im Ablauf. Am auffälligsten ist die Variationsbreite nach der Predigt. Verschiedene Akzentsetzungen, die sämtlich mit der anschließenden Feier des Heiligen Abendmahls verbunden sind, werden aufgezeigt. Hier macht sich bemerkbar, dass Grundform I als Gottesdienst mit Abendmahl konzipiert ist. Zum Teil werden dabei verschiedene evangelische Traditionen der Verknüpfung von Buße und Abendmahl aufgegriffen, zum Teil auch wieder ökumenische Traditionen. Auffällig ist, dass in keiner der aufgewiesenen Schwerpunktsetzungen Abkündigungen in diesem Teil vorgesehen sind.

»Ziel des Wortgottesdienstes und der Predigt sollte es an erster Stelle sein, einen Dialog mit Gott zu ermöglichen, um den Menschen mit ihrem Defizit- und Vervollkommnungsbewusstsein Lebensgewinn zu eröffnen.« (Michael Meyer-Blanck).

Die Konzentration auf die Predigt in Grundform II hat zur Folge, dass diese sehr viel knapper ist als Grundform I. Viele Elemente aus letzterer werden allerdings als Möglichkeit in Grundform II eingezeichnet, so dass die beiden Grundformen auch in diesem Teil einander angenähert werden können. Wie bereits beim Eingangsteil eignet sich Grundform II sehr viel besser für Gottesdienste in neuer Gestalt. Dabei kann der Kernbestand auf Predigt/Verkündigung und Lied beschränkt werden.

Abgesehen von dieser Minimalform haben sämtliche Varianten der Teile »Verkündigung und Bekenntnis« die Elemente Schriftlesung, Predigt, Glaubensbekenntnis und Lied gemeinsam.

Die Gestaltungsmöglichkeiten

Grundform I

Der Verkündigungsteil ist sehr üppig angelegt. Selbst ohne die fakultativen Stücke wird deutlich, welches Gewicht das Wort Gottes und die menschliche Antwort darauf im evangelischen Gottesdienst haben. Im Teil vor der Predigt ist die traditionelle Regelform angereichert worden, vorwiegend durch ökumenische Einflüsse (z.B. Fülle der Lesungen). Diese Einwirkungen lassen sich auch in der Stellung des Glaubensbekenntnisses festmachen. Es ist, anders als bisher in evangelischen Agenden üblich, hinter die Predigt gewandert. Dadurch wird der Teil nach der Predigt, der ohnehin schon breit angelegt ist, noch länger.

»Die Illumination, die an dieser Stelle erfolgt, besteht einzig und allein darin, dass die Enge des gegenwärtigen Alltagshorizonts durch eine Botschaft von außen aufgebrochen wird. Die aktuellen Ereignisse werden in das Licht der Heilsgeschichte gerückt. Dadurch werden die Machtansprüche gesellschaftlicher und psychischer Instanzen relativiert. Die Irrungen und Wirrungen des individuellen und kollektiven Lebens geraten durch die Ansage letzter Wahrheiten in den Rang vorletzter Irritationen.« (Manfred Josuttis).

Verlauf:

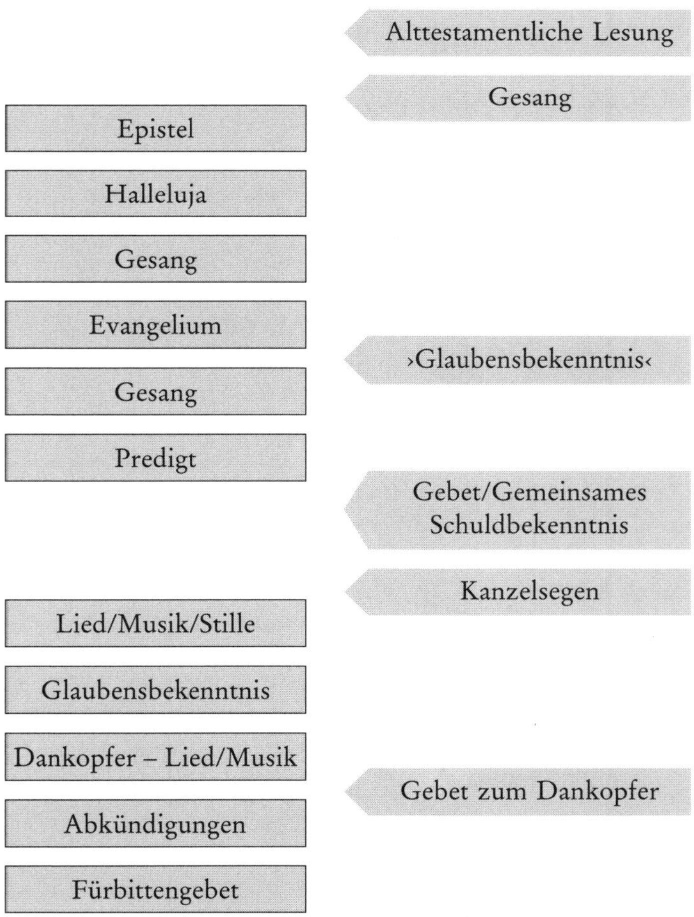

Grundform II

Ohne die fakultativen Stücke ist Grundform II sehr knapp. Werden diese jedoch ausgeführt, so können sehr unterschiedliche Akzente gesetzt werden. Werden sämtliche Stücke verwendet, so ist der Verlauf nach der Predigt dem von Grundform I sehr ähnlich.

Bei Gottesdiensten in freier Form wird der Verkündigungsteil zumeist besonders ausgestaltet und weicht von der üblichen Reihenfolge öfters ab. Hier wird Wert daruf gelegt, dass eine biblische Lesung beibehalten wird und verschiedenste Formen der Verkündigung eingesetzt werden.

Verlauf:

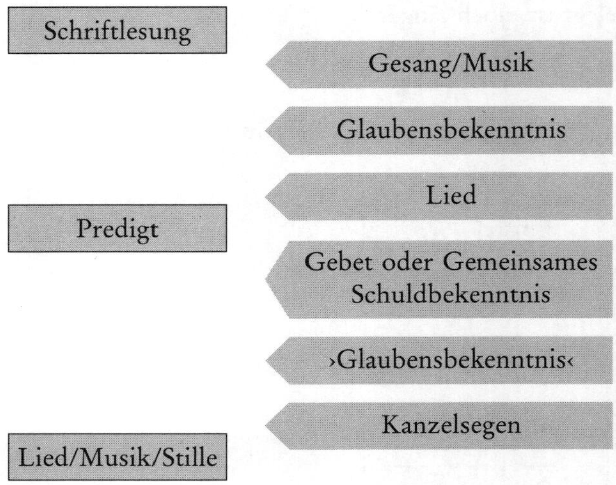

Grundform II, Kurzform

In besonderen Situationen und vor allem außerhalb des Sonntagsgottesdienstes sowie an Werktagen wird die Minimalform dieses Teils vorgeschlagen. Hier wird allerdings der Kanzelsegen zum Regelstück erhoben.

Verlauf:

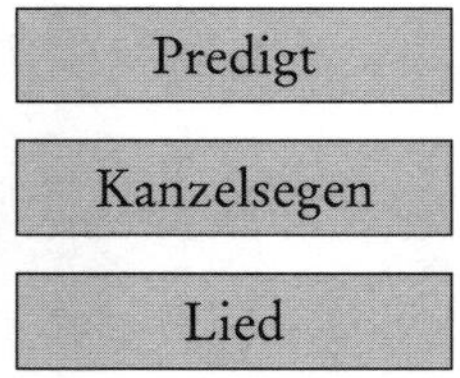

Schwerpunkt: Predigt und Abendmahl in enger Verbindung
Wird Abendmahl gefeiert, so legt es sich nahe, die anderen Teile des Gottesdienstes zu straffen. Die vorgeschlagene Variante führt zu einer sehr engen Verbindung von Predigt und Abendmahl. Glaubensbekenntnis und Fürbittengebet stehen dann nicht dazwischen.

Verlauf:

Bis zur Predigt wie Grundform I

Lied/Musik

Dankopfer

»Tisch decken«

Schwerpunkt: Offene Schuld nach der Predigt
An besonderen Tagen (z.B. an Bußtagen) oder wenn die Predigt zum Schuldbekenntnis führt wird unmittelbar nach der Predigt die »Offene Schuld« gesprochen.

Verlauf:

Bis zur Predigt wie Grundform I

Offene Schuld

Glaubensbekenntnis (gesungen)

Fürbittengebet

Dankopfer

»Tisch decken«

Schwerpunkt: Offene Schuld als Abendmahlsvorbereitung
An vielen Orten ist nach wie vor die Verknüpfung von Beichte und Abendmahl sehr eng. Hierfür bietet das Gottesdienstbuch die Variante, unmittelbar vor dem Abendmahl die »Offene Schuld« bzw. eine Beichte einzufügen.

Verlauf:

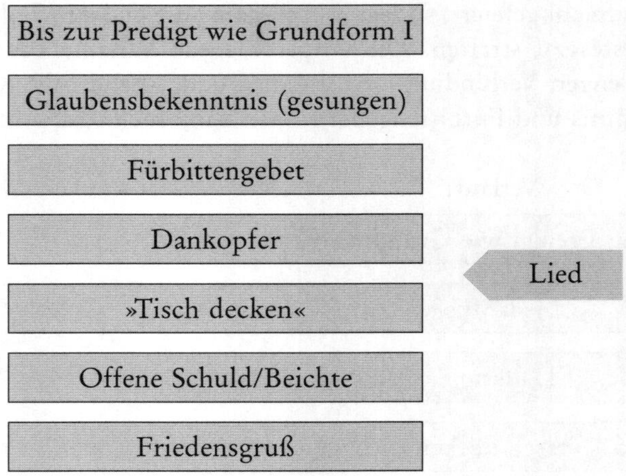

Glaubensbekenntnis und Abendmahl in enger Verbindung

Die Vorbereitung des Abendmahls kann mit dem (gesungenen) Glaubensbekenntnis abgeschlossen werden. Auf dieses folgt dann unmittelbar das Lobgebet. Dadurch würde – ähnlich wie in der orthodoxen Liturgie – die Einmütigkeit der Gläubigen vor dem Abendmahlsempfang deutlich gemacht.

Verlauf:

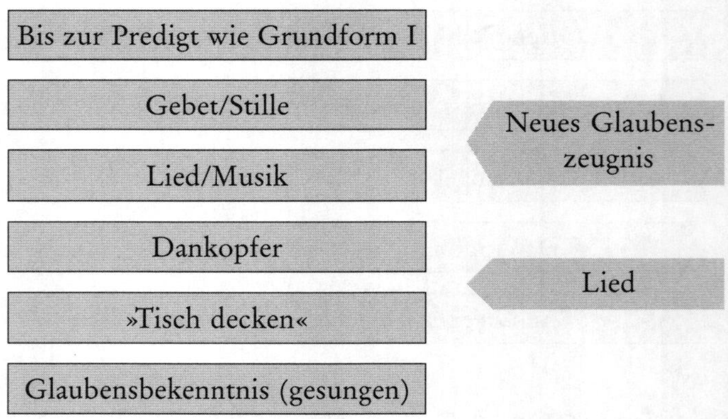

Chancen

- Verschiedene Personen können zu Gehör kommen.
- Durch entsprechende Schwerpunktsetzungen kann der Charakter des Gottesdienstes verändert werden.
- Es gibt viele Möglichkeiten der kirchenjahreszeitlichen und situationsgemäßen Gestaltung.

Achtung

- Wird eine der vorgeschlagenen Akzentsetzungen gewählt, so müssen die Auswirkungen auf die anderen Gottesdienstteile bedacht werden.
- Wenn in einem anderen Teil ein Stück als Schwerpunkt entfaltet wird, so sollte auf jede weitere Schwerpunktsetzung verzichtet werden.
- Die Anzahl der Lesungen und die Entscheidung, mit welchen Stücken auf sie geantwortet wird, sollte von den jeweiligen Umständen her entschieden werden.
- Theologische Unterschiede in den Variationsmöglichkeiten (z. B. die Vorbereitung auf das Abendmahl durch die offene Schuld oder das Verhältnis von Wort und Antwort) sollten beachtet werden.

Lesehinweis: GB S. 32 f., 205 f.

B 1 Lesungen

Die Ausgangslage

Bei den Lesungen unterscheidet man zwischen der alttestamentlichen, der Epistel- und der Evangeliumslesung. Unter Epistel sind die neutestamentlichen Briefe, die Apostelgeschichte und die Offenbarung des Johannes zusammengefasst. Für jeden Sonn- und Feiertag sind im Lektionar die jeweiligen Lesungen vorgeschlagen. Dabei gibt es einen Evangelien-, einen Epistel- und einen alttestamentlichen Text. Zwischen den Lesungen und nach dem Evangelium sind verschiedene Gesänge bzw. das Glaubensbekenntnis vorgesehen.

Es war lange Zeit unbestritten, dass ein oder mehrere Lesungen zum Kernbestand des evangelischen Gottesdienstes gehören. Diese Selbstverständlichkeit ist seit Ende der 60er Jahre in Frage gestellt. Gemäß der protestantischen Maxime: »Alles, was zu hören ist, muss auch verstanden werden!«, wurden die Lesungen kritisch befragt. Vor allem wenn sie im Luthertext gebraucht werden, so die Kritik, würden die Hörenden überfordert. So kam es hier zur Benutzung moderner Übersetzungen, freier Übertragungen, Erzählungen oder zumindest zur Anreicherung der Lesung mit kurzen, in den jeweiligen Text einführenden Worten (Präfamen). Texte, die ohne Auslegung schwer verständlich sind, wurden ausgemustert.

Dagegen sehen andere gerade in der geprägten Sprache biblischer Texte die Chance, dass bei den Hörenden trotz punktueller und bruchstückhafter Wahrnehmung eine persönliche Aneignung geschieht. Aus dem breiten Angebot der Worte würden sie das ihrer jeweiligen Situation entsprechende Angebot auswählen und sich identifizieren oder abgrenzen. Daneben wird argumentiert, dass immer mit dem Wirken Gottes im unverfügbaren Wort gerechnet werden müsse. Zudem sei es nun einmal nicht die Funktion heiliger Texte, Informationen zu vermitteln.

Sehr unterschiedliche Traditionen gibt es hinsichtlich der Anzahl der Lesungen. In der Regel schwanken sie zwischen einer und drei Lesungen. Dazu kommen gegenläufige Entwicklungen. Besonders im Bereich der Gottesdienste in freier Gestalt und bei bestimmten Zielgruppengottesdiensten (z. B. Schulgottesdienste) werden sie oft auf ein Minimum reduziert oder manchmal ganz weggelassen. Umgekehrt kommt es durch ökumenische Einflüsse auch zu einer Vermehrung der Lesungen, bis hin zu drei Lesungen plus Predigttext. Besonderen Wert wird dabei auch auf eine alttestamentliche Lesung gelegt, die in der Praxis stark vernachlässigt war. Durch ihre Verwendung soll die Zusammengehörigkeit von Altem und Neuem Testament verdeutlicht und die Verbundenheit der Christen mit Israel symbolisiert werden.

»Die Schriftlesung steht bei uns oft nackt und bloß da, wahrlich aus dem Rahmen gefallen wie ein barbarisch aus dem Rahmen geschnittenes Gemälde nach einem Einbruch …« (Bernhard Leube).

Die Entscheidung des Gottesdienstbuches

Den Schriftlesungen wird ein großes Gewicht gegeben. Im Gottesdienst ohne Abendmahl heißt es dazu: »Kernstück des Gottesdienstes ist die Begegnung mit dem Wort der Bibel« (GB S. 176).

Was die Anzahl der Lesungen betrifft, so ist alles möglich. Von drei Lesungen plus Predigttext bis überhaupt keine Lesung ist die Bandbreite. Allerdings findet die Hochschätzung der Lesungen zumeist auch ihren Ausdruck in den Ordnungen. In Grundform I sind zwei Schriftlesungen als Regel vorgesehen, die alttestamentliche Lesung aber zusätzlich fakultativ empfohlen. In den Ordnungen für den Karfreitag und den Buß- und Bettag sind alle drei Lesungen vorgeschlagen, also die »entfaltete« Form gewählt worden. Wird die Zahl der Lesungen verringert, so soll in jedem Fall das Evangelium des Sonntags gelesen werden. In Grundform II ist eine Lesung die Regel; in der Kurzform ist allerdings auch die Möglichkeit gegeben, überhaupt keine Lesung zu verwenden.

In der Reihenfolge Altes Testament, Epistel, Evangelium folgen die Lesungen im Normalfall der Ordnung des Kirchenjahres, wobei die geltende Perikopenordnung maßgeblich ist. Diese Bindung an Leseordnungen soll die einzelne Gemeinde mit den anderen evangelischen Gottesdienstgemeinden verbinden (vgl. GB S. 176).

Eine erklärende Einführung zu den Lesungstexten (Präfamen) ist nicht vorgesehen, bei besonders schwierigen Texten aber möglich. Hier geht man davon aus, dass die Texte für sich selbst sprechen. Bei freieren Gottesdienstformen können allerdings an die Stelle von lehrhaften Episteln auch Väter- und Mütterlesungen oder »kontrastierende Gegentexte« treten, die »Aufmerksamkeit für die biblische Botschaft schärfen« sollen (GB S. 205).

»Unter dem pädagogischen Gesichtspunkt des »Wiederholens« sollte zwar eine breite Textbasis *im Gottesdienst vorkommen; ebenso aber sollte auf die Wiedererkennbarkeit geachtet werden. Unter dem theologischen Gesichtspunkt des »Wiederholens« können andererseits gerade mehrere Texte gelesen werden, die den Wiederholungszwang des Menschen zum Sündigen aus unterschiedlicher Perspektive beleuchten.« (Michael Meyer-Blanck).*

»Wird die liturgische Lesung aufgeschlagen, will Feuer des Heiligen Geistes aus den Worten schlagen. Lesungskunst will den Hörern zur Lebenskunst helfen.« (Christian Bunners).

Die Gestaltungsmöglichkeiten

Drei Lesungen

Wird der Lesungsteil in Grundform I entfaltet, so wird je ein Text aus dem Alten Testament, den Episteln und den Evangelien gelesen. Einer dieser Texte kann zugleich der Predigttext sein. Dann wird die Reihenfolge der Schriftlesungen verändert und dieser als letzter unmittelbar vor der Predigt gesprochen (z.B. Altes Testament – Evangelium – Epistel als Predigttext).

Ihrer Bedeutung entsprechend können die Lesungen liturgisch gerahmt werden. Das Gottesdienstbuch bietet dabei sowohl gesungene (vgl. GB S. 98–101) wie auch gesprochene (vgl. GB S. 71 f.) Vorschläge.

Zwei Lesungen

In Grundform I sind zwei Lesungen die Regel. Dabei ist die Evangelienlesung grundsätzlich vorgesehen. Davor wird normalerweise ein Episteltext gelesen, der allerdings auch durch einen alttestamentlichen Bibelabschnitt ersetzt werden kann.

»Könnte nicht genau darin die Absicht und die Chance dieser Wörterflut liegen, dass man der hörenden Gemeinde ein breites Angebot an Identifikations-, aber auch an Abgrenzungsmöglichkeiten gewährt? Die »illuminatio«, die Erhellung, die in diesem Teil des Gottesdienstes geschehen soll, muss weder durch meditative Konzentration noch durch didaktische Planung erreicht werden. Im Gewitter der Worte wird es da und dort blitzartig einschlagen. Die Atmosphäre des Göttlichen, die sich in sprachlicher Breite über den Hörern entfaltet, bahnt sich unverhofft an vielen Stellen ihren lebensverändernden Weg.« (Manfred Josuttis).

Eine Lesung
In der Grundform II und bei den gottesdienstlichen Sonderformen ist in der Regel neben der Verlesung des Predigttextes nur eine Schriftlesung vorgesehen. Diese kann sich nach dem Predigttext richten. Folgt sie der Leseordnung, wird die Epistel oder die alttestamentliche Lesung gewählt, wenn über das Evangelium gepredigt wird. Ansonsten wird das Evangelium des Tages gelesen.

Werden andere Teile des Gottesdienstes entfaltet, so ist grundsätzlich nur eine Lesung vorgesehen. Über diese wird dann auch gepredigt. Ebenfalls nur eine Lesung ist in Gottesdiensten mit kleiner Teilnehmerzahl und bei Werktagsgottesdiensten vorgesehen. Wird eine Lesung besonders entfaltet (z.B. die Aufführung als Motette, vgl. GB S. 41), so ist diese Beschränkung ebenfalls sinnvoll.

»Nun stellt sich also vor jedem Sonntag die Aufgabe, nach einer sinnvollen Auswahl und Zusammenstellung zu suchen.« (Joachim Stalmann).

Auch im Familiengottesdienst ist mindestens eine biblische Lesung vorgesehen, »um den Grund unseres Glaubens und Gottesdienst-Feierns auch damit zum Ausdruck zu bringen« (GB S. 211). Eine Lesung, über die später gepredigt wird, kann auch frei, z.B. als Erzählung gestaltet werden.

In der gekürzten Form von Grundform I (vgl. GB S. 161 ff.) ist grundsätzlich eine Evangelienlesung vorgesehen. Dies wird nur durchbrochen, wenn die Schriftlesung zugleich Predigttext ist.

Chancen

- Durch die regelmäßige Verwendung von alttestamentlichen Texten wird die Einheit der Bibel verdeutlicht.
- Schwierige Texte können mit einer kurzen Einleitung (Präfamen) versehen werden.
- In Grundform II kann die Lesung auch im Blick auf die Predigt frei gewählt werden.
- Eine Lesung kann auch als Sprechmotette gestaltet werden.
- Auf die Lesungen kann auch durch entsprechende musikalische Gestaltung geantwortet werden.

Achtung

- Wenn die erste Lesung angekündigt wird, wird dabei der Name des Sonn- oder Feiertags genannt, falls dies nicht bereits in der Begrüßung geschehen ist.
- Feststehende Wendungen am Ende der Lesungen erleichtern die Beteiligung der Gemeinde.
- Die Lesungen haben am Lesepult ihren Ort, der Predigttext auf der Kanzel.
- Wenn in Grundform II die Lesung entfällt, fällt auch das folgende Lied weg.
- Wenn Psalmen oder Psalmverse zwischen den Lesungen eingesetzt werden, so werden sie im Wechsel gesungen.

Lesehinweis: GB S. 41 f., 53, 205 f.

B 2 Gesänge / Musik zur Verkündigung

Die Ausgangslage

Die Möglichkeiten der musikalischen Gestaltung des Verkündigungsteils sind sehr vielfältig. Die Entwicklungen und Probleme sind sehr ähnlich denen der Musik im Eingangsteil (s. S. 42). Darüber hinaus gibt es allerdings auch besondere Fragestellungen.

Bei Gottesdiensten, die der Tradition des Messgottesdienstes folgen, sind es vor allem die Zwischengesänge, die in der Diskussion stehen. Wo es beispielsweise üblich ist, nach der Ankündigung des Evangeliums »Ehre sei dir, Herr« und nach der Verlesung »Lob sei dir, Christus« zu singen, wird die Mitvollziehbarkeit selbst für die geübte Gemeinde in Zweifel gezogen. Bis alle mitbekommen haben, dass dieses jeweilige kurze Stück gesungen wird, ist es schon wieder vorbei. So hat sich in manchen Regionen durchgesetzt, dass das »Ehre sei dir, Herr« und das »Lob sei dir, Christus« als Wechselgesang zwischen Liturg/in und Gemeinde nach der Lesung des Evangeliums ausgeführt wird. Wo dies praktiziert wird, kann das Halleluja auch traditionsgemäß als Lobruf vor dem Evangelium gesungen werden.

Die Tradition eines Wochenliedes/Lied des Tages ist vor allem dadurch infrage gestellt worden, dass viele dieser Lieder bei den nicht regelmäßigen Gottesdienstbesucherinnen und Gottesdienstbesuchern nicht mehr bekannt sind. So werden sie inzwischen oft ersetzt.

Sehr stabil wird am Predigtlied festgehalten. Es ist in der Theorie das einzige Lied im Gottesdienst, das von dem bzw. der Predigenden allein ausgesucht werden soll.

Die große Häufung von Gesängen (vor allem bei drei Lesungen) in diesem Teil führt oft dazu, dass nur zwei oder drei Strophen von einem Lied gesungen werden. Viele Verse werden dadurch kaum noch gesungen. Dadurch geht der meditative Charakter vieler Lieder verloren.

Der Verkündigungsteil ist reich an musikalischen Möglichkeiten. Gesänge, Chor- und Instrumentalmusik haben auch hier ihren Ort. Das Lied nach der Predigt ist in sämtlichen Ordnungen vorgesehen. Weitere Gemeindegesänge können das Wochenlied (Graduallied), der Gesang vor der Predigt, das Lied anlässlich des Einsammelns des Dankopfers und – im gegebenen Fall – das Lied nach der alttestamentlichen Lesung sein. Dazu kommen in der Messtradition noch Lobrufe zwischen bzw. nach den Lesungen (Halleluja, »Ehre sei dir Herr«, »Lob sei dir Christus« u. a.). Möglich sind auch im Wechsel gesungene Psalmen zwischen zwei Lesungen, Rufe beim Fürbittengebet und ein gesungenes Glaubensbekenntnis.

»Sicher besteht eine wichtige Aufgabe der eingeschalteten Zwischengesänge darin, die Aufmerksamkeit der Hörer gegenüber dem laufenden Wortgeschehen wachzuhalten. Auf die Epistel folgt das Halleluja und als Gradualgesang das Wochenlied der Gemeinde. Die Lesung des Evangeliums wird durch die akklamatorischen Formeln ›Ehre sei dir, Herre‹ und ›Lob sei dir, o Christe‹ gerahmt. Der Inhalt dieser Zwischengesänge beschreibt eindeutig ihre Funktion. Sie sollen die Hörenden in jener Haltung anbetender Selbstvergessenheit festhalten, in die sie durch das Kyrie, das Gloria und das Konzentrationsgebet der Kollekte geführt sind« (Manfred Josuttis).

Die Entscheidung des Gottesdienstbuches

Die Vielfalt der musikalischen Gestaltungsmöglichkeiten des Verkündigungsteils nach Grundform I ist immens. Die Rahmungsmöglichkeiten der Lesungen sind kaum überschaubar, zumal sie sich je nach Anzahl der Lesungen verändern. Dabei werden neuere Entwicklungen, etwa beim Wechselgesang nach der Evangelienlesung, aufgegriffen, andererseits aber auch die Tradition als gleichberechtigte Möglichkeit stehengelassen.

»*Lieder führen … auf die Predigt und den Leitgedanken des Gottesdienstes hin* und *sind eine Antwort auf das, was die Gemeinde gehört hat.« (Wolfgang Klippert).*

Am Wochenlied wird grundsätzlich festgehalten. So wird im Propriumsteil für jeden Sonn- und Feiertag ein der Tradition entnommener Vorschlag gemacht. An vielen der Tage wird aber auch aus dem Bereich des neueren Liedguts eine Alternative zum traditionellen Wochenlied aufgezeigt.

Werden sämtliche Möglichkeiten des Gemeindegesangs ausgenutzt, so kommt man in diesem Teil auf fünf Lieder: Nach der alttestamentlichen Lesung, zwischen Epistel- und Evangelienlesung, vor und nach der Predigt sowie beim Sammeln des Dankopfers. Hinweise auf die notwendige Reduzierung fehlen. Offensichtlich geht man davon aus, dass ohnedies keine fünf Lieder in diesem Teil gesungen werden.

Mit sehr viel weniger Gesang kommt die Grundform II aus. Während der Gesang nach der Predigt in der Regel vorgesehen ist, können der Gesang nach der Schriftlesung oder nach dem Glaubensbekenntnis wegfallen. Alternativ zu den Chorälen wird auch hier Chor- und Instrumentalmusik vorgeschlagen.

Die Gestaltungsmöglichkeiten

Gesänge zu den Lesungen

In Grundform I folgt nach der alttestamentlichen Lesung (falls diese gewählt wird) ein Gemeinde- oder Chorgesang. Vorgeschlagen sind das Wochenlied/Lied des Tages, ein Singspruch, ein Psalm oder die Seligpreisungen.

»Weitverbreitete Gewohnheit ist …, nach der Predigt ein sogenanntes Predigtlied singen zu lassen, in welchem die eine Zeitlang zum Hören gezwungene Gemeinde wieder aktiv werden kann, indem sie die Predigtgedanken nachdenkend, akklamierend oder weiterführend selbst in den Mund nimmt. … Das Bedürfnis der Gemeinde, sofort nach der Predigt singen zu wollen, muß nicht unbedingt der Motivationskraft des Predigers zugeschrieben werden, es könnte sich auch um eine Gestaltung des Aufatmens nach langweiliger Predigt handeln.« (Helmut Kornemann).

Zwischen der Lesung der Epistel und des Evangeliums wird in der Regel das Halleluja mit dem im Proprium für den entsprechenden Sonntag vorgesehenen Hallelujavers sowie das Wochenlied/Lied des Tages gesungen. Die Gemeinde antwortet zudem auf die Ankündigung des Evangeliums mit einem Lobruf (»Ehre sei dir, Herr«). In diesem Fall ist auch als Antwort auf das Evangelium wiederum ein Lobruf (»Dank sei dir, Christus«) vorgesehen. Alternativ können aber auch das »Ehre sei dir, Herr« und das »Dank sei dir, Christus« als Wechselgesang der Evangelienlesung folgen.

Es ist auch möglich, dass die Lesungen selbst gesungen werden (vgl. GB S. 98–101). Hier ist nach der Lesung des Alten Testaments und der Epistel jeweils als Wechselgesang »Worte der Heiligen Schrift«, »Gott sei Lob und Dank« vorgesehen. Nach der Evangelienlesung kann auch alternativ von der Kantorin bzw. dem Liturgen anstelle des »Ehre sei dir Herr« »Evangelium unseres Herrn Jesus Christus« gesungen werden.

Bei den Gottesdiensten in freier Form kann die Rahmung der Schriftlesungen durch Singsprüche und Kanons erfolgen (vgl. GB S. 227). Generell empfehlen sich die verschiedenen Antwortgesänge des Evangelischen Gesangbuchs, z.B. aus Taizé.

Wochenlied
Der Betonung des Kirchenjahres entsprechend wird für jeden Sonn- und Feiertag mindestens ein Wochenlied vorgeschlagen. An manchen Tagen gibt es auch noch ein Lied aus der neueren Tradition alternativ zum herkömmlichen Wochenlied zur Auswahl (vgl. GB S. 242 ff.). Es wird dabei an der Tradition festgehalten, dass das Wochenlied auf das Evangelium des Tages bezogen ist.

Gesang/Musik vor der Predigt
Wenn kein Glaubenslied nach der Evangelienlesung gesungen wurde, kann vor der Predigt eine Liedstrophe angestimmt werden. Es ist auch möglich, dass hier das Wochenlied seinen Ort findet, falls es noch nicht gesungen wurde. Alternativ kann hier auch Chorgesang (Kantate, Motette) vorgesehen werden.

»Das kerygmatische Lied im Gottesdienst, erzählend und ermutigend, aber auch preisend und klagend, ist der Predigt theologisch ebenbürtig. Es gestaltet die poetische Dimension. Obwohl ein anderes Genus der Mitteilung, vermag das Lied mit der Stimme jeder Beteiligten das Evangelium authentisch und angemessen darzustellen.« (Rainer Volp).

Glaubensbekenntnis
Das Glaubensbekenntnis kann entweder vor oder nach der Predigt auch als Glaubenslied von der Gemeinde gesungen werden. Daneben kann es auch vom Chor allein oder im Wechsel von Chor und Gemeinde erklingen (vgl. GB S. 43).

Predigtlied
Das Predigtlied greift traditionell die Predigt thematisch auf. An Stelle des Predigtliedes kann aber auch durch Chorgesang oder Instrumentalmusik der Besinnung Raum gegeben werden.

Dankopferlied
Der Sammlung der Kollekte ist ein eigener Gemeindegesang bzw. Musik zugeordnet. Inhaltliche Gestaltungsvorschläge gibt es nicht.

Zwischengesang zum Fürbittengebet
Nach den verschiedenen Bitten kann die Gemeinde ihre Gebetsrufe auch singen (z.B. EG 178, 9–12). Bei besonderen Anlässen kann eine Litanei gesungen werden.

Chancen

- Die Rahmungen der Lesungen bergen vielfältige musikalische Gestaltungsmöglichkeiten, insbesondere durch Antwortgesänge.
- Neben dem Gemeindegesang ist Raum für Chor- und Instrumentalmusik.
- Kirchenjahreszeitliche Akzentsetzungen wechseln mit zeitübergreifenden und situationsgebundenen Stücken.
- Psalmen oder Psalmverse können zwischen den Lesungen im Wechsel gesungen werden.

Achtung

- Es sollten nicht alle der aufgewiesenen Möglichkeiten der vielfältigen musikalischen Gestaltung im Verkündigungsteil in einem Gottesdienst aufgegriffen werden.
- Die Möglichkeiten des Gemeindegesangs sollten nicht voll ausgeschöpft werden, da sonst allein in diesem Teil fünf Lieder gesungen würden.
- Die Gesänge nach der Predigt sollten nicht zu breiten Raum einnehmen.
- Bei der Stellung des Halleluja kann berücksichtigt werden, dass es als Lobruf für das folgende Evangelium dienen kann.
- Die Antwort auf die Lesungen kann auch vom Chor oder durch Vokal- und Instrumentalmusik erfolgen.
- Das Halleluja entfällt in den Fastenzeiten und an Bußtagen.

Lesehinweis: GB S. 41–43, 98–101, 138–141, 223

B 3 Glaubensbekenntnis (Credo)

Die Ausgangslage

Die über lange Zeit unangefochtene Verwendung altkirchlicher Glaubensbekenntnisse als gemeinsame Äußerungen des Glaubens im Gottesdienst gehört der Vergangenheit an. Wie auch bei anderen Stücken in geprägter Sprache gibt es die Forderung nach Neuformulierung und Aktualisierung. In der überlieferten Form seien die altkirchlichen Bekenntnisse für viele Menschen ausgrenzend, von manchen werden sie gar als Freiheitsberaubung empfunden. Hier soll etwas bekannt werden, was vorgegeben ist und nur partiell den eigenen Glauben widerspiegelt. So wird beispielsweise angeführt, dass die zentrale Aussage, dass Gott Liebe ist, in den altkirchlichen Bekenntnissen nicht vorkommt. So sind oft Neuformulierungen, Interpretationen oder persönliche Zeugnisse an deren Stelle getreten. Es gibt zudem die auffällige Beobachtung, dass in vielen Gottesdiensten in neuer Form überhaupt kein Glaubensbekenntnis gesprochen und so ersatzlos gestrichen wird.

Das apostolische Glaubenbekenntnis (Apostolicum) war ursprünglich Bestandteil der Taufliturgie. Mit diesem bekannten die Täuflinge ihren Glauben (Credo = ich glaube). Es wird sehr häufig im Gottesdienst gebetet, sehr viel weniger, vor allem an Festtagen, das längere Bekenntnis von Nizäa-Konstantinopel (Nicaenum). Das Glaubensbekenntnis kann auch gesungen werden. In der lutherischen Tradition ist das Glaubenslied der Gemeinde eine Alternative zum Sprechen eines Bekenntnisses. Alternativ können auch neue Bekenntnisformulierungen und persönliche Glaubenszeugnisse an die Stelle der geprägten Texte treten.

Umgekehrt wird auch sehr viel für die Verwendung der altkirchlichen Glaubensbekenntnisse ins Feld geführt. Die Bekenntnisse stellen ein vereinendes Band über die Grenzen von Zeit, Raum und Konfession dar und verbinden die heutigen Gemeinden untereinander und mit den Vätern und Müttern im Glauben. Zudem gehören sie zu den überindividuellen Elementen des Gottesdienstes. Auch ökumenische Argumente werden stark betont. In diesem Rahmen bekommt dann das Nicaenische Glaubensbekenntnis eine stärkere Stellung gegenüber dem Apostolicum.

Neben der bisher üblichen Praxis, das Glaubensbekenntnis nach der Lesung des Evangeliums zu sprechen, gibt es eine ganze Reihe von anderen Vorschlägen der Verortung. Bei einigen soll es der Predigt folgen, bei anderen die Fürbitten abschließen oder den festlichen Auftakt des Mahlteils bilden.

Wie stark vor allem das Apostolische Glaubensbekenntnis doch bei vielen verinnerlicht ist, sieht man an der Tatsache, dass bis heute zwischen römisch-katholischer und evangelischer Seite keine Einigung auf einen gemeinsamen Text im dritten Artikel erfolgt ist (Kath.: »Ich glaube an den Heiligen Geist, die heilige katholische Kirche«, Luth.: »Ich glaube an den Heiligen Geist, die heilige christliche Kirche«). Dasselbe gilt auch für die Textabweichungen in der lutherischen und der reformierten Tradition (siehe unten). Doch auch beim Nizaenischen Glaubensbekenntnis gibt es Textunterschiede gegenüber der Fassung in den orthodoxen Kirchen. Hier stehen die evangelischen Kirchen zwar in der westlichen Tradition,

»Kurzum, die altkirchlichen Bekenntnisse schließen mich aus. Ich erlebe sie als nichteinladend, und ich weiß, daß es unzählig vielen Menschen genauso geht.« (Christoph v. Lowtzow).

sie können aber mit den Worten der Orthodoxie beten (vgl. z.B. Evangelisches Gesangbuch Bayern, S. 1552).

Die Entscheidung des Gottesdienstbuches

Die altkirchlichen Bekenntnisse »schließen die Christenheit über Grenzen der Zeit, des Raums und der Konfession zusammen und verbinden die Gemeinde mit den Müttern und Vätern und den Geschwistern im Glauben.« (Kurt Molitor).

Das Glaubensbekenntnis wird als Regelstück festgehalten. In beiden Grundformen ist vorgesehen, dass entweder das Apostolische oder das Nicaenische Glaubensbekenntnis gesprochen wird. Selbst bei Gottesdiensten mit Kindern wird vorgeschlagen, das Apostolische Glaubensbekenntnis zu verwenden, da es als Taufbekenntnis zu den Stücken des Gottesdienstes gehöre, in das die Kinder »hineinwachsen sollen« (GB S. 211). Zudem werde in der gesprochenen Version die persönliche Glaubensbindung artikuliert.

Neben dem Sprechen eines altkirchlichen Bekenntnisses als Regelform eröffnet das Gottesdienstbuch eine große Anzahl an alternativen Gestaltungsmöglichkeiten. Hierzu gehören vor allem Glaubenslieder. Gesungenen Varianten wird dabei vor allem lobpreisender Charakter zugeschrieben. Für freiere Gestaltungen des Gottesdienstes werden Neuformulierungen, erläuternde Einschübe sowie situations- und zielgruppenorientierte Zeugnisse des Glaubens vorgesehen.

»In den gesprochenen Glaubensbekenntnissen bekräftigen wir, was christliche Gemeinschaft von ihren Wurzeln her begründet, wovon sie lebt« (Brigitte Enzner-Probst).

Das Glaubensbekenntnis hat in Grundform I eine andere Regelstellung als in Grundform II. In der erstgenannten ist es nach der Predigt, in der zweitgenannten nach der Schriftlesung verortet.

Der Tatsache, dass der dritte Artikel des Apostolischen Glaubensbekenntnisses in der lutherisch bzw. reformiert geprägten Tradition Unterschiede im Wortlaut aufweist, wird Rechnung getragen (Luth.: »Ich glaube an den Heiligen Geist, die heilige christliche Kirche …«, Ref.: »ich glaube an den Heiligen Geist, die heilige, allgemeine christliche Kirche …« (GB S. 74). Beim Nicaenischen Glaubensbekenntnis wird nur die westliche Tradition aufgegriffen (vgl. GB S. 75 f.).

Die Tradition, dass am Karfreitag sowie an Buß-, Bitt- und Trauertagen kein Glaubensbekenntnis gesprochen wird, wird fortgeschrieben (vgl. GB S. 1177 ff.).

»Wenn … Bekenntnisse wirklich aktuell sein wollen, haben sie ›Tagesbekenntnisse‹ zu sein, die genausowenig wiederholt werden können wie die situationsgebundene Predigt« (Kurt Molitor).

Die Gestaltungsmöglichkeiten

Glaubensbekenntnis vor oder nach der Predigt

Für die beiden Grundformen sind unterschiedliche Regelorte für das Glaubensbekenntnis vorgesehen. In Grundform I wird der Ort gegenüber bisherigen Gepflogenheiten durch ökumenische Einflüsse verändert und das Glaubensbekenntnis nach der Predigt gesprochen oder gesungen. Dadurch werden Schriftlesungen und Predigt enger zusammengerückt. In Grundform II dagegen folgt das Bekenntnis auf das Evangelium und dient der Hinführung auf die Predigt (vgl. GB S. 33). Der Ort nach dem Evangelium ist allerdings bei Grundform I auch nach wie vor möglich.

»Warum laden Sie Gemeindemitglieder nicht einmal ein, ihre Glaubenswahrheiten aufzuschreiben und ein ganz persönliches Glaubensbekenntnis zu verfassen? Wenn Sie ein Jahr lang jeden Sonntag eines davon in die Liturgie integrieren, werden Sie nicht nur eine fantastische persönliche Atmosphäre in ihre Gottesdienste bekommen, Sie werden auch neu erleben, wie vielfältig, bunt und großartig das Leben mit Gott ist.« (Clemens Bittlinger).

Andere Stellungen des Glaubensbekenntnisses
Eine ganze Reihe von anderen Stellungen des Glaubensbekenntnisses wäre denkbar (s. o.) Das Gottesdienstbuch beschränkt sich aber auf einen einzigen weiteren Vorschlag. Dabei kommt das Glaubensbekenntnis in enge Verbindung zum Abendmahl und wird unmittelbar vor dem Lobgebet gesprochen.

Entfaltung des Glaubensbekenntnisses
Nach den einzelnen überlieferten Glaubenssätzen der geprägten Bekenntnisse können Aktualisierungen oder Deutungen eingefügt werden, die dann von Einzelnen vorgetragen werden. Dem von allen gesprochenen Glaubensbekenntnis kann aber auch ein aktuelles Glaubensbekenntnis oder ein persönliches Glaubenszeugnis vorausgehen oder folgen.

Stellt man das Credo vor den Präfationsdialog, fungiert es dann »entweder als ›Lobgesang der Befreiten‹ nach der Offenen Schuld oder (wenn diese entfällt) als festlicher Auftakt des Mahlteils. […] Darum könnte sich die Ordnung der äthiopischen Liturgie als anregend erweisen, die das Credo derart in Zusammenhang mit dem Fürbittengebet bringt, daß es dessen Doxologie darstellt.« (Helmut Kornemann).

Ersetzung des Glaubensbekenntnisses
Die Bandbreite der vorgeschlagenen Alternativen zu gesprochenen oder gesungenen überlieferten Bekenntnistexten ist sehr groß. Hier werden persönliche oder zielgruppenorientierte Bekenntnisse genannt, symbolische Interaktionen zur Bezeugung des Glaubens (vgl. GB S. 216), neue Glaubenszeugnisse, welche »die Lebenswirklichkeit heutiger Menschen in Bezug zu Gottes Schöpfungs- und Heilshandeln … setzen und einen weiten ökumenischen Horizont … eröffnen« (GB S. 227).

Chancen

- Das Glaubensbekenntnis kann auch in verschiedensten Formen gesungen werden.
- Das Glaubensbekenntnis kann je nach Stellung im Gottesdienstverlauf eine lobpreisende, eine katechetische oder eine zusammenfassende Funktion haben.
- In besonderen Situationen oder aus gegebenem Anlass können auch neuere Glaubenszeugnisse gesprochen werden.
- Das Glaubensbekenntnis kann entfaltet werden.

Achtung

- Es besteht ein theologischer Unterschied zwischen dem Bekenntnis der Gemeinde und dem Zeugnis Einzelner.
- Folgt der Predigt eine »Offene Schuld«, so wird das Glaubensbekenntnis vor der Predigt gesprochen.

- Aus Gründen der Kürze oder in Werktagsgottesdiensten kann das Glaubensbekenntnis entfallen.
- Am Karfreitag sowie an Buß-, Bitt- und Trauertagen entfällt das Glaubensbekenntnis.

Lesehinweis: GB S. 26f., 42f., 53f., 206

B 4 Predigtauftritt

Die Ausgangslage

Im evangelischen Gottesdienst führen viele Ordnungen auf die Predigt als Höhepunkt zu. Der traditionellen Hochschätzung der Auslegung der Heiligen Schrift entspricht auch die Tatsache, dass sich um die Predigt herum eine eigene kleine Liturgie vom Kanzelgruß bis zum Kanzelsegen herausgebildet hat und diese vielerorts praktiziert wird. Allerdings setzt hier auch oft die Kritik an. Die besondere Hervorhebung der Predigt wird oft als übertrieben, klerikal und autoritär oder unangemessen bezeichnet. Der Predigtauftritt gebe der Predigt und der Predigerin bzw. dem Prediger ein Gewicht, das diesen nicht zustehe.

Üblichste Form der Predigt ist nach wie vor die Schriftauslegung. Neben dieser textbezogenen Auslegung gibt es aber auch die verschiedensten Formen der Themenpredigt, die zumeist schriftgebunden ist. Der Kritik an der monologischen Struktur der Predigt wird zudem zunehmend Rechnung getragen. Alternative Formen wie Dialogpredigten, Anspiele oder Predigtgespräche lösen die Predigt gerade bei Gottesdiensten in freier Form oft ab.

Auffällig ist auch, dass sich die Länge der Predigt in den letzten Jahrzehnten im Durchschnitt stark verringert hat. Die Überzeugung, dass der mediengewohnte Mensch nicht mehr über längere Zeit zuhören könne, findet hier ihre Konsequenz.

In der Predigt wird die Heilige Schrift für die versammelte Gemeinde im Rahmen eines Gottesdienstes ausgelegt. Zumeist bezieht sie sich direkt auf einen Schrifttext, sie kann aber auch anhand von Themen, Symbolen oder verschiedensten Medien das Evangelium verkündigen. Ihrer besonderen Bedeutung im evangelischen Gottesdienst entsprechend hat sich ein regelrechter »Predigtauftritt« herausgebildet. Vor der Predigt können vom Prediger ein Kanzelgruß und ein Vorbereitungsgebet gesprochen werden, danach ein abschließendes Gebet, ein gemeinsames Schuldbekenntnis und ein Kanzelsegen.

Die Entscheidung des Gottesdienstbuches

Es gibt erstaunlich wenige Aussagen über die Predigt im Gottesdienstbuch. Es sagt über dieses Kernstück weniger aus als über die meisten anderen liturgischen Stücke, obwohl die Predigt als ein fester Bestandteil der Liturgie dargestellt wird. Sie hat in beiden Grundformen einen gleichbleibenden Ort im Gottesdienstverlauf und bildet einen Bezugspunkt für die sie umgebenden liturgischen Elemente. Bei Grundform II ist sogar alles auf sie hingerichtet. Indirekt lässt sich aber dennoch manches festmachen. So ist die Rolle der Predigt im Gottesdienstbuch deutlich als eine den Schriftlesungen zugeordnete Auslegung verstanden (vgl. GB S. 33).

»Angesichts der heutigen Inflation des Wortes sollte die christliche Verkündigung … durch Kürze, Prägnanz und Stille aufgewertet werden.« (Christoph v. Lowtzow).

Einige Elemente des Predigtauftritts werden aus den verschiedenen Traditionen aufgenommen und weiter als Gestaltungsmöglichkeiten aufgewiesen. Insgesamt erfolgt jedoch eine deutliche Beschränkung. So ist beispielsweise das Gebet vor der Predigt gar nicht aufgeführt. Ebenso wenig wird auch nur die Möglichkeit an-

»Ziel … der Predigt sollte an erster Stelle sein, einen Dialog mit Gott zu ermöglichen, um den Menschen mit ihrem Defizit und Vervollkommnungsbewußtsein Lebensgewinn zu eröffnen.« (Michael Meyer-Blanck).

»Predigten, die einen bestimmten zeitlichen Umfang überschreiten, können das Gesamtgefüge des Gottesdienstes sprengen und so strukturzerstörend wirken.« (Karl-Heinrich Bieritz).

»Das Wort Gottes hat seine Wirkkraft schon während der Lesung begonnen. Die Predigt selbst soll nichts anderes sein als die Fortsetzung der Lesung mit anderen sprachlichen Mitteln.« (Manfred Josuttis).

»Eine Predigt, bei der die Zuhörer nicht mindestens dreimal lachen, sollte besser nie gehalten werden.« (Martin Luther).

»Der zeitliche Rahmen der Predigt entspricht ihrem Gewicht und liegt bei dreißig Minuten (oder auch einmal länger).« (Joachim Hipfel).

»Die Predigt wirkt im Kontext des herkömmlichen Gottesdienstes vor allem autoritär, nicht unbedingt in Absicht und Inhalt, sondern primär dadurch, daß sie die klerikalen Strukturen des Gottesdienstes in besonderer Weise verstärkt.« (Christoph v. Lowtzow).

gedeutet, die Abkündigungen nach der Predigt von der Kanzel aus zu verlesen.

Sehr ausführlich werden Alternativen zur Predigt aufgezeigt. Es wird sehr deutlich gemacht, dass die Predigt zum Teil durch andere Formen der Verkündigung ergänzt werden kann. In besonderen Fällen kann sie auch in vielfältigster Weise ersetzt werden.

Die Gestaltungsmöglichkeiten

Predigt zwischen Kanzelgruß und Kanzelsegen

In Grundform I ist für den Fall, dass Liturg/in und Prediger/in nicht identisch sind, ein Kanzelgruß vorgesehen, das in manchen Regionen übliche Gebet vor der Predigt dagegen nicht. Nach der Predigt sehen sowohl Grundform I wie II fakultativ entweder ein Predigtschlussgebet oder ein gemeinsames Schuldbekenntnis (Offene Schuld) vor (vgl. GB S. 42). Praktisch ist es auch möglich, auf beide Elemente zu verzichten (vgl. GB S. 45). Der zumeist auf der Kanzel stattfindende Predigtauftritt kann ebenfalls in beiden Formen mit dem Kanzelsegen abgeschlossen werden. Die Predigt selbst kann im gegebenen Fall auch von einer gedruckten Vorlage vorgelesen werden.

Predigt und Gespräch

Besonders in Gottesdiensten mit kleiner Teilnehmerzahl und ohne Abendmahl wird vorgeschlagen, dass es auch zu einem Gespräch über die Lesung oder die Predigt kommt. Der Gottesdienst kann auch als Gesprächsgottesdienst konzipiert und durchgeführt werden.

Kurzpredigten zu den Lesungen

Eine Variante der Verkündigung ist die direkte Auslegung nach jeder der drei Lesungen. Die Predigten müssen dann sehr knapp gehalten sein. Der Bezug zwischen den einzelnen Lesungen soll deutlich werden.

Alternative Verkündigungsformen

Von den vielen Möglichkeiten, die Predigt auszugestalten oder zu ersetzen, werden das Anspiel, das Gespräch, Bildbetrachtungen, Sprechmotetten, pantominische Darstellungen, dazwischen gesetzte Lieder und Singsprüche, Meditation, kontrastierende oder erläuternde Literaturtexte, Stille, Symbolhandlungen und »Bibel teilen« genannt.

Besonders gewünscht wird die Möglichkeit zu Äußerungen der Gemeinde, damit diese nicht immer nur schweigend Predigten anhört. So können beispielsweise in kurzen Beiträgen christliche Erfahrungen und ermutigende Glaubenszeugnisse vorgetragen werden. »Die Aufgabe des Predigers/der Predigerin wird es sein, Textvorgaben zu erläutern und die Beiträge durch Ergänzung und Begrenzung aufeinander zu beziehen« (GB S. 206).

Chancen

- Neben der schrifttextgebundenen Predigt werden viele Alternativen der Ausführung genannt.
- Grundform II führt zur Predigt als dem alleinigen Höhepunkt des Gottesdienstes.

Achtung

- Wenn die Liturgin bzw. der Liturg zugleich Predigerin bzw. Prediger ist, entfällt der Kanzelgruß grundsätzlich.
- Die Predigt darf den Zeitrahmen des Gottesdienstes nicht sprengen.
- Der »Predigtauftritt« vermittelt die besondere »Heiligkeit« des Predigtgeschehens.

Lesehinweis: GB S. 42, 53, 176, 211, 228

B 5 Dankopfer (Kollekte)

Die Ausgangslage

Die Sammlung während des Gottesdienstes wird Dankopfer oder Kollekte genannt. Bereits in der Bibel wird berichtet, dass solche Sammlungen in Gemeindeversammlungen durchgeführt wurden (vgl. 1 Kor 16,1–2; 2 Kor 8,9). So findet der Dank an Gott auch darin seinen Ausdruck, dass Bedürftige unterstützt und Mittel für gemeinsame Aufgaben bereitgestellt werden.

Das Einsammeln von Geldgaben im Gottesdienst hat eine lange Tradition. Sie ist Bestandteil der meisten Gottesdienstordnungen. Der Problemkreis »Die Kirche und ihr Geld« ist allerdings auch im Gottesdienstbereich virulent. So wird auch an der Geldsammlung im Gottesdienst Kritik geäußert. Einerseits will man dem Vorurteil, die Kirche kassiere selbst im Gottesdienst noch ab, keine Nahrung geben. Andererseits gibt es auch die Empfindung, die Andacht im Gottesdienst werde durch die Unruhe bei der Hervorholung des Geldes, durch das Klappern der Münzen beim der Sammlung gestört. Dem wird entgegengehalten, dass es ein Bedürfnis der Glaubenden sein kann, ihrem Dank auch durch eine entsprechende Gabe Ausdruck zu verleihen. Zudem komme in der Sammlung zum Ausdruck, dass die Glaubenden nicht nur an sich selbst denken, sondern in Solidarität mit den Bedürftigen und Notleidenden stehen. Die Weltzugewandheit des Gottesdienstes komme gerade auch im Dankopfer zum Ausdruck.

In zugespitzter Weise wird dies auch bei der Abfolge von Sammlung der Kollekte – Dankopfergebet – Herbeibringen der Abendmahlsgaben – Gebet zur Abendmahlsbereitung deutlich. Die ängstliche Vermeidung dieser Zusammenstellung hat abgenommen. Allerdings wird weiterhin durch entsprechende Formulierungen darauf geachtet, dass das Dankopfer nicht als »Bezahlung« für das Abendmahl verstanden werden kann.

»Die Entgegensetzung von Geld und Glaube entspricht einer unguten Trennung von Leben und Glauben.« (Michael Meyer-Blanck).

Mit dem Wechsel von durch den Kirchenvorstand frei wählbaren und von den Kirchenleitungen angeordneten Kollekten sollen sowohl die Aufgaben im eigenen Gemeindebereich wie in der überregionalen und weltweiten Gemeinschaft angegangen werden. Vor dem Einsammeln des Dankopfers sollte immer angesagt worden sein, wofür das Geld bestimmt ist.

Nur in wenigen Gemeinden ist die Sammlung ein eigener gottesdienstlicher Akt. Sehr oft wird das Einsammeln musikalisch durch Orgel- oder Instrumentalmusik unterlegt. In vielen Gemeinden wird auch während des Gemeindegesanges die Kollekte eingesammelt. Dagegen gibt es allerdings auch Widerstände, da dadurch sowohl die Kollekte als auch das Lied abgewertet würden.

In vielen Gemeinden wird das Dankopfer durch Kirchenvorsteherinnen und Kirchenvorsteher und/oder andere Gemeindemitglieder eingesammelt.

Die Entscheidung des Gottesdienstbuches

Das Dankopfer ist sowohl in Grundform I als auch bei manchen freien Gottesdienstformen bleibender Bestandteil des Gottesdienstes. In Grundform II ist die Geldsammlung fakultativ, im Familiengottesdienst kommt sie nicht vor.

Es werden verschiedene Zeitpunkte für die Geldsammlung vorgeschlagen. Regel ist ungeachtet der oben benannten Kritik die Musik nach der Predigt bzw. das Predigtlied. Daneben wird die Verbindung von Dankopfer und Gabenbereitung vor dem Abendmahl für sinnvoll/möglich erachtet. Bei Grundform II kommt die Weltzugewandtheit des Glaubens durch die Sammlung zu Beginn des Sendungsteils zum Ausdruck.

»Das grundlegende Lebensmittel in dieser Gesellschaft, das Geld, wird als Dankesgabe an jenen Ort getragen, an dem sich alsbald die Lebenskraft Gottes mitteilen wird.« (Manfred Josuttis).

Entsprechend der gewünschten erhöhten Gestaltungsbeteiligung der Gemeinde wird ausdrücklich darauf verwiesen, dass die Geldsammlung durch verschiedene Gemeindeglieder durchgeführt werden kann.

Wird in Grundform I die übliche Stellung zwischen Glaubensbekenntnis und den Fürbitten gewählt, so wird angeregt, im Fürbittengebet an diejenigen zu denken, für welche die Kollekte bestimmt ist. So wird die geistliche Verknüpfung von Gabe, Gebenden und Empfangenden augenfällig.

In Gottesdiensten in freier Form können die Feiernden auch gebeten werden, ihr Dankopfer zum Altar zu bringen oder in einen bereitgestellten Korb zu legen (vgl. GB S. 233).

Das Dankopfergebet »bietet Gelegenheit, Gedanken an die Schöpfung in enger Beziehung zum Schöpfer zu begreifen und zu formulieren. Das Dankopfergebet kann sich sowohl auf die in der Gestalt des Geldes gesammelten, wie die als Brot und Wein bereitgestellten Gaben beziehen und die Bereitschaft der Betenden zu Hingabe und Opfer zum Ausdruck bringen.« (Helmut Kornemann).

Die Gestaltungsmöglichkeiten

Einsammeln des Dankopfers in Verbindung mit einem Dankopfergebet

In Grundform I wird die an vielen Orten gebräuchliche Danksagung in einem Gebet nach der Geldsammlung als Möglichkeit angeboten. Verschiedene Formulierungen für dieses Gebet werden vorgeschlagen (vgl. GB S. 76, 552).

Dankopfer zwischen Glaubensbekenntnis und Fürbitten

Wenn das Glaubensbekenntnis nach der Predigt gesprochen wird, findet das Sammeln des Dankopfers bei der Musik bzw. dem Lied vor dem Fürbittengebet seinen Ort. Auch wenn das Glaubensbekenntnis nach dem Evangelium platziert wird, bleibt die Musik nach der Predigt bzw. das Predigtlied der Regelort für die Sammlung.

»Es [geht] grundsätzlich darum, dass das Liebesopfer der Gemeinde als ein zum Gottesdienst wesentlich dazugehöriges Stück der Liturgie in Erscheinung tritt.« (Friedrich Kalb).

Dankopfer zu Beginn des Abendmahlsteils
In Grundform I wird die Möglichkeit eröffnet, Dankopfer und Gabenbereitung zusammen zu rücken. Da hier auf exakte Formulierungen zu achten ist, werden entsprechende Vorschläge gemacht (vgl. GB S. 552 f.).

Dankopfer zu Beginn des Sendungsteils
Wenn in Grundform II eine Geldsammlung während des Gottesdienstes vorgesehen ist, findet sie zu Beginn des Sendungsteils ihren Platz. Zum Einsammeln wird entweder ein Lied gesungen oder es wird Musik gespielt.

Chancen

- Aus besonderem Anlass können neben dem gesammelten Dankopfer auch andere Gaben zum Altar gebracht werden (z.B. Erntegaben am Erntedankfest).
- Dankopfer und Abendmahlsbereitung können verknüpft werden.

Achtung

- Die Bestimmung der Geldsammlung muss vor dem Einsammeln bekannt gegeben werden.
- Das Dankopfer sollte in der Regel nicht während eines Gemeindegesangs eingesammelt werden.
- Bei einer direkten Abfolge von Dankopfer und Gabenbereitung muss bei der Wortwahl darauf geachtet werden, dass keine Missdeutungen in Richtung von unevangelischen Opfervorstellungen nahegelegt werden.

Lesehinweis: S. 552

B 6 Abkündigungen

Die Ausgangslage

Abkündigungen enthalten unterschiedlichste Informationen aus dem Leben der Kirche und der Gemeinde. Sie können Informationen zum Ablauf des Gottesdienstes enthalten. Breiten Raum nehmen oft Freude und Leid im Gemeindeleben ein (z.B. Taufen, Trauungen, Beerdigungen). Der Verwendungszweck der Kollekte wird bekannt gegeben und besonderes aus dem Leben der Kirche und der Gemeinde berichtet. Auf Veranstaltungen und Gottesdienste wird hingewiesen und dazu eingeladen.

Es ist unstrittig, dass die verschiedensten Ereignisse und Sachverhalte, die das Gemeindeleben betreffen, im Gottesdienst zur Sprache kommen sollen. Weitgehend werden sie als »Abkündigungen« bezeichnet. Gegen diese Bezeichnung gibt es allerdings Widerstände. Es geht nicht darum, etwas offiziell zu verlautbaren, sondern all jenes, was den Gottesdienst und das Leben der Gemeinde betreffe, in den Gottesdienst zu integrieren. Deshalb müsse genau überlegt werden, wie die verschiedenen »Mitteilungen« kommunikativ eingeführt und kommuniziert werden. Wenn die Gemeinde informiert werde, so sei dies kein hoheitlicher Akt mehr, in denen die Pfarrer etwas von der staatlichen Behörde Angeordnetes »abkündigen« mussten, sondern ein die gesamte Gemeinde betreffender Vorgang, in den auch mehrere einbezogen werden sollten.

Die klassischen Orte der Abkündigungen sind entweder gleich zu Beginn des Gottesdienstes, vom Lesepult aus, oder nach der Predigt, oft von der Kanzel herunter. An den Anfang werden die Mitteilungen oft dann gestellt, wenn sie als Fremdkörper im Gottesdienst empfunden werden. Sie sollen den Ablauf und die Dramaturgie des Gottesdienstes nicht stören. Vorstellungen, dass die Begegnung mit dem Heiligen durch so profane Informationen unterbrochen wird, sind lebendig. Deshalb werden sie aus dem »eigentlichen« Gottesdienst verbannt und finden hier ihren Ort. Dem wird entgegengehalten, dass alles, was die Gemeinde betrifft, innerhalb des Gottesdienstes zur Sprache kommen solle. Das Gemeindeleben hat in sämtlichen Facetten elementar mit der gottesdienstlichen Feier zu tun. Zudem sei zu Beginn wohl nicht die richtige Stelle, den Gottesdienst beispielsweise mit der Mitteilung des Todes von Gemeindegliedern zu beginnen.

»Bekanntmachungen … empfinden [wir] … als Ausdruck unseres Lebens als Christen.« (Joachim Hipfel).

Der Brauch, die Abkündigungen nach der Predigt zu verlesen, begleitet evangelische Kirchen seit der Reformationszeit. Der Grund war, dass auch diejenigen, die den Gottesdienst vor dem Abendmahl verlassen, die Informationen mitnehmen. Da das Abendmahl in der Regel nicht mehr in einem eigenen, angehängten Gottesdienst, sondern integriert gefeiert wird, leuchtet diese Platzierung nicht mehr wie früher ein.

Aufgrund der breiten Kritik werden die beiden klassischen Orte der Mitteilungen oft aufgegeben. Dabei hat sich in vielen Gemeinden eine Aufteilung der Abkündigungen ergeben. Die Ansagen zum Gottesdienstverlauf stehen am Anfang des Gottesdienstes, der Zweck der Kollekte wird direkt vor dem Einsammeln bekannt gegeben, Freud und Leid in der Gemeinde werden vor den Fürbitten mitgeteilt, damit sie darin aufgegriffen werden können, und die Einladungen zu Veranstaltungen und Gottesdiensten rücken in den Sendungsteil, da Verabredungen über das nächste Treffen auch sonst vor dem Auseinandergehen ihren Ort haben.

Die Entscheidung des Gottesdienstbuches

»Da Abkündigungen wegen ihrer besonderen Alltagsnähe und ihrer nicht kalkulierbaren Gestalt im Verlauf des Gottesdienstes wohltuend unterbrechende Wirkung haben, ist ihre Stellung sorgfältig zu bedenken.« (Helmut Kornemann).

Formal wird am Begriff »Abkündigungen« festgehalten. Sachlich geht es aber vor allem um Informationen über besondere Ereignisse, welche die Gemeinde betreffen, bzw. um notwendige Hinweise zu verschiedenen Elementen des Gottesdienstes. Diese Informationen sind integraler Bestandteil des Gottesdienstes, werden also nicht vorgeschaltet.

Der Regelort für diese Informationen ist sowohl in Grundform I als auch in Grundform II vor den Fürbitten, wobei die Bekanntmachungen in Grundform II fakultativ sind. Im Gottesdienst am Karfreitag kommen sie im Sendungsteil vor dem Dankopfer zu stehen, in der Buß- und Bettagsliturgie vor Dankopfer und Fürbittengebet. Im Familiengottesdienst sollen die Mitteilungen nach Fürbittengebet und Vaterunser gemacht werden.

Bei den Gestaltungshinweisen wird aber auch ausdrücklich für die Entflechtung der Abkündigungen geworben. Die Bekanntmachungen sollen nicht mehr im Block vorgetragen werden, sondern jeweils an ihrem organischen Ort zur Sprache kommen. Neben den vorgeschlagenen Aufteilungen wird auch besonders auf den Umgang mit Informationen aus dem öffentlichen Leben hingewiesen. »Die persönliche Meinung des/der mit den Abkündigungen Betrauten muss einer Gesamtverantwortung untergeordnet werden« (GB S. 548).

»Die Abkündigungen sollten möglichst knapp, aber informativ gehalten sein.« (Michael Herbst).

Wert wird auch hier auf Gemeindebeteiligung gelegt. Die Durchführung wird nicht auf die liturgisch Handelnden beschränkt. So wird beispielsweise speziell beim Familiengottesdienst angeregt, an diesem Punkt Kinder einzubeziehen (vgl. GB S. 213).

Wichtig ist, dass die Mitteilungen – egal ob zusammenhängend oder aufgeteilt vorgetragen – kurz gehalten und sorgfältig formuliert werden. Sie sollen »in der Regel nicht mehr als einen Satz umfassen und sich der Funktion der Abkündigungen einfügen, die dem Gemeindeaufbau dient und zu eigener Aktivität hinführen will« (GB S. 548).

Die Gestaltungsmöglichkeiten

Bekanntmachungen zu Beginn des Gottesdienstes

An den Beginn des Gottesdienstes kommen lediglich Informationen zum Ablauf des Gottesdienstes, und zwar auch nur dann, wenn Veränderungen gegenüber der Regelform gemacht werden. Diese knapp zu haltenden notwendigen Hinweise folgen dem Gruß bzw. der Begrüßung.

Bekanntmachungen nach der Predigt/vor dem Fürbittengebet

Der Regelort für die Abkündigungen ist vor dem Fürbittengebet. Bei einer Aufteilung der Bekanntmachungen sollten die zu Freude und Leid Anlass gebenden Ereignisse direkt vor dem Fürbittengebet benannt werden, damit sie darin aufgegriffen werden können. Formulierungsbeispiele für verschiedene Kasualien sind vorgeschlagen (GB S. 549–551).

Wenn die Form des diakonischen Gebets gewählt wird, können Personen und Ereignisse auch in den Fürbitten selbst genannt werden.

»Es wäre ein Zeichen von falsch verstandener Feierlichkeit, wenn im Gottesdienst nicht auch die Ereignisse zur Sprache kämen, die sich auf das konkrete Leben der jeweiligen Gemeinde beziehen« (Friedrich Kalb).

Bekanntmachungen vor den Einsammeln des Dankopfers

Es ist selbstverständlich, dass der Zweck der Kollekte vor dem Einsammeln bekannt sein muss. Diese Information wird in der Regel vor dem Dankopferlied gegeben. In der Ankündigung des Verwendungszwecks der Kollekte kann auch ein Hinweis auf die in der vergangenen Woche gesammelten und gespendeten Gelder enthalten sein.

Bekanntmachungen vor der Sendung

Besonders diejenigen Abkündigungen, die sich auf Verabredungen oder Einladungen zu künftigen Gemeindeveranstaltungen und Gottesdiensten beziehen, sollen vor dem Sendungswort ihren Ort finden. Hier kann aber auch alles, was vorher nicht zwangsläufig gesagt werden musste, ausgesprochen werden (vgl. GB S. 49).

Chancen

- Alle wichtigen Ereignisse, die sich auf das konkrete Leben in der Gemeinde beziehen, können zur Sprache kommen.
- Durch eine Aufteilung der Bekanntmachungen bekommen die verschiedenen Bestandteile ihren richtigen Ort.
- Es dient einer gelungenen Kommunikation, wenn Mitteilungen über das Gemeindeleben und Einladungen frei gesprochen werden.

Achtung

- Den Gottesdienst am nächsten Sonntag leitet N. N., feiert mit uns N. N.
- Der freundliche Dank an den Kirchenchor für die (feierliche) Mitgestaltung des Gottesdienstes ist zwar gut gemeint, verstellt aber den Blick dafür, dass dieser im Dienst an Verkündigung und Gebet singt.
- Abkündigungen sind nicht allein Sache der Pfarrerin bzw. des Pfarrers.
- In Grundform II können die Abkündigungen entfallen.

Lesehinweis: GB S. 44, 548

B 7 Fürbittengebet

Die Ausgangslage

Die Vielfalt der Formen des Fürbittengebets ist in den letzten Jahren wiederentdeckt und für den Gottesdienst fruchtbar gemacht worden. Zwar dominiert nach wie vor das von der Liturgin bzw. dem Liturgen allein an einem Stück gesprochene Gebet; immer stärker finden aber Formen mit einer hohen Gemeindebeteiligung Verbreitung. Dabei werden vor allem gesungene und gesprochene Gebetsrufe der Gemeinde zwischen den Bitten eingefügt. Verschiedene Sprecherinnen und Sprecher formulieren Gebetsabschnitte, zum Teil auch frei aus der Situation heraus.

Im Fürbittengebet kommen sämtliche Anliegen der Gemeinde hinsichtlich der Glaubens-, Lebens- und Weltsituation zur Sprache. Um ein Mitbeten zu erleichtern, folgt es oft dem Aufbau des Vaterunsers. Immer häufiger wird allerdings eine andere Struktur gewählt. So sind neben dem klassischen Kirchengebet vor allem das diakonische Gebet, das Wechselgebet und die Ektenie im Gebrauch.

Sehr kritisch wird oft die Länge von Fürbittengebeten gesehen. Im Wortreichtum und einer manchmal unerträglichen Weitschweifigkeit würden die Anliegen nicht mehr richtig aufgenommen. Man geselle sich jeder Not bei und verwische dabei die konkrete Not. Hier wird Konzentration auf weniges, auf die Situation der eigenen Gemeinde in der Kirche und der Welt sowie Konkretion gefordert.

Die Kritik am langen Gebet wird allerdings auch als Ausdruck mangelnder Gebetspraxis von Liturgen bzw. Liturginnen gedeutet. Dem entspreche auch das Kleben an vorformulierten Vorlagen, was der Gottesdienstsituation und dem Wesen des Gebetes selbst nicht Rechnung trage. Die Stellung des freien Fürbittengebets im Gottesdienst ist umstritten und stellt eine ungelöste Frage dar.

Sehr viel breiter ist der Konsens in der Gebetskritik, wenn dieses als Fortsetzung der Predigt und zu einer die Predigt wiederholenden ethischen Belehrung, z.T. mit vereinnahmendem Charakter, missbraucht wird. Neben dem alle Gebete treffenden Problem der (ausgrenzenden) Sprache, wird beim Fürbittengebet auch das der ausgrenzenden Inhalte bedacht.

»Bepredigt werde ich besonders gern zu Beginn der Fürbitten. Da tröste ich mich häufig damit, daß es auch dem lieben Gott nicht besser ergeht, denn auch er wird da mit dem neuesten Stand der Welt-, Gesellschafts- oder Kirchenpolitik vertraut gemacht, bevor die Gemeinde zu ihm beten darf.« (ein Gemeindeglied).

Die Entscheidung des Gottesdienstbuches

Beim Fürbittengebet wird das Prinzip besonders deutlich, dass der Gottesdienst eine dauernde Gestaltungsaufgabe darstellt. So sollen die vorgeschlagenen Texte situationsgerecht weiterbearbeitet werden. Es wird deshalb auch besondere Aufmerksamkeit auf die formale Gestaltung der Gebete gerichtet. Gleiche Proportionen der Teile, wieder erkennbare Strukturen und deutliche Signale für die Gebetsrufe der Gemeinde kennzeichnen deshalb die Beispiele. Bei den meisten, oft sehr ausführlichen Gebetsvorschlägen ist zu berücksichtigen, dass diese nicht vollständig übernommen werden sollen. Es wird ausdrücklich empfohlen, eine Auswahl zu treffen.

Zudem sollte beachtet werden, dass unterschiedliche Gegebenheiten auch verschiedene Vorgehensweisen implizieren. So werden beispielsweise bei Gottesdiensten mit größerer Teilnehmendenzahl vorformulierte Fürbittengebete empfohlen, in die bei gegebenen Anlässen spontane Gebetsformulierungen eingefügt werden können. Weiter wird im vertrauten, kleinen Kreis die Möglichkeit für alle eröffnet, ihre Bitten zu sprechen.

»Fürbitten beschäftigen sich … mit fast aller erdenklichen Not der Welt, indem sie sich in einer schnellschweifenden ›Allgegenwart‹ unzählig vielen Leidenden oder Gefährdeten beizugesellen suchen. Und eben dadurch bleiben sie unverbindlich, tun sie einen allzu raschen Blick auf die Not der Mitmenschen, entschärfen sie die Konkretion.« (Christoph v. Lowtzow).

Das Gottesdienstbuch bevorzugt eindeutig Gebete, bei der die Gemeinde stark beteiligt ist. So wird die vorherrschende Form des allgemeinen Kirchengebets im Textteil erst an die vierte Stelle hinter all die Formen mit aktiver Beteiligung gesetzt.

Es wird auch vorgeschlagen, während der Woche Fürbitten in einem Fürbittenbuch zu sammeln, das entweder in der Kirche oder im Gemeindehaus ausliegt. Das hat den Vorteil, das diese im Gottesdienst unabhängig davon, wann das Fürbittengebet gesprochen wird, aufgegriffen werden können.

Innerhalb des Gottesdienstes können die Fürbitten eine sehr unterschiedliche Stellung haben. Ihr Stammplatz ist zwischen Predigt und Abendmahl. Sie können auch mit den Kyrierufen im Eingangsteil verbunden, im Rahmen des Eucharistiegebetes ausgesprochen, oder in Verbindung mit dem Dankgebet nach dem Abendmahl eingesetzt werden.

Die Gestaltungsmöglichkeiten

Aufrufe zum Gebet mit Gebetsrufen der Gemeinde (Ektenie)

»… im Gebet wird das gesamte Weltgeschehen, werden Opfer und Machthaber, Fromme und Verzweifelte in Dank, Fürbitte und Anbetung der Gnade Gottes empfohlen. Alle Krisen und Konflikte, alle Schrecken und Schönheiten des Lebens werden nicht verdrängt, wenn die letzte Etappe auf dem Weg zur Gottesbegegnung beginnt.« (Manfred Josuttis).

Diese Form des Fürbittengebets ermöglicht eine aktivere Beteiligung der Gemeinde. Zum einen können Gebetsanliegen von mehreren Sprecherinnen und Sprechern vorgetragen werden, zum anderen macht sich die Gemeinde diese mit ihrer Bitte zu eigen (z.B. »Erhöre uns, Gott, und erbarme dich«). Das Gottesdienstbuch schlägt zwei verschiedene Formen dieses Gebetstyps vor und gibt ausgeführte Beispiele. In der ersten Form (»Information und Aufruf mit Gebetsrufen«) benennen Sprecherinnen bzw. Sprecher das Gebetsanliegen und rufen zum Gebet auf. Die Gemeinde spricht dann die an ihrem Ort übliche oder die vorher bekannt gemachte Bitte (vgl. GB S. 560–570). In der zweiten Form (»Anrufungen Gottes mit Gebetsrufen der Gemeinde«) wird das Gebetsanliegen in Form einer Anrufung genannt, in das dann die Gemeinde mit ihrem Ruf bzw. ihrer Bitte einstimmt (vgl. GB S. 571–585). Den Abschluss bildet bei beiden Formen eine von der Liturgin bzw. dem Liturgen gesprochene Kollekte.

Diakonisches Gebet
Das diakonische Gebet hat einen feststehenden Ablauf. Nach einer Einleitung durch den Liturgen bzw. die Liturgin wird ein Gebetsanliegen von einem Sprecher bzw. einer Sprecherin vorgetragen. Die Gemeinde macht sich das Gebetsanliegen in der Stille oder durch Gebetsrufe bzw. Gesänge zu Eigen. Der Liturg bzw. die Liturgin spricht darauf ein zusammenfassendes Gebet (Kollekte). Der Wechsel von Gebetsanliegen, Aneignung des Gebetsanliegens durch die Gemeinde und Kollekte kann mehrfach wiederholt werden. Das diakonische Gebet wird durch einen Lobpreis des Liturgen bzw. der Liturgin abgeschlossen, das die Gemeinde mit ihrem »Amen« bekräftigt. Neben dieser klassischen Form wird zusätzlich die Möglichkeit einer offenen Form des diakonischen Gebets aufgezeigt, die sehr stark auf Tagesaktualität zielt (vgl. GB S. 555).

»Die Gebete für andere und für uns selbst bitten um Leben, das noch nicht da ist. Sie sind Signal für die offene Welt vor uns – und Einladung dazu, uns die Freiheit der Christen zu nehmen, solches Leben zur Geltung zu bringen.« (Friedrich-Karl Barth).

Wechselgebet (Preces)
Wie bereits das Wort sagt, werden hier die Bitten im Wechsel gesprochen. Der Liturg bzw. die Liturgin trägt in der Regel das Gebetsanliegen in knappen Worten vor, die Gemeinde richtet die entsprechende Bitte an Gott. Es ist ratsam, hier weniger Bitten zu sprechen als es das Gottesdienstbuch in dem ausgeführten Beispiel vorschlägt. Zu beachten ist auch, dass die Gemeinde bei dieser Form des Wechselgebets das Gebet schriftlich vor sich haben muss. Ansonsten muss das Gebet so formuliert sein, dass die Gemeinde immer denselben Gebetsruf spricht (vgl. das Beispiel in GB S. 597).

Fürbittengebet ohne Gebetsrufe der Gemeinde
Die sicher am meisten verbreitete Gebetsform der Fürbitten wird im Gottesdienstbuch nicht so hochgeschätzt. Hier werden die Gebete von der Liturgin bzw. dem Liturgen oder mehreren Personen der Gemeinde vorgesprochen (Prosphonese), ohne Unterbrechungen durch Gebetsrufe. In Aussagen, Anreden und Bitten wird Gott direkt angesprochen. Da die Gemeinde als ganze lediglich mit ihrem »Amen« zu Wort kommt, plädiert das Gottesdienstbuch für eine Öffnung und Aufbrechung dieser monologischen Form, beispielsweise durch eingefügte Liedstrophen oder Phasen der Stille (vgl. GB S. 556).

»Gebete sind eine besondere Form des Sprechens. Sie sind weder Meditationen noch lyrische Gedichte, sie sind keine Mahnreden oder Verlautbarungen, sie sind keine Belehrungen oder Anstiftungen, sie sind auch keine Predigtnachlese.« (Rolf Christiansen).

Karfreitagslitanei
Dieses traditionelle Gebet für den Karfreitag wird im Karfreitagsgottesdienst weiter zur Benutzung vorgeschlagen (vgl. GB S. 186–188).

Fürbitten in Verbindung mit Kyrierufen im Eingangsteil
Zu Beginn des Gottesdienstes kann eine Kyrie-Litanei als entfaltetes Kyrie gebetet werden. In diesem Fall wäre ein Fürbittengebet eine Doppelung und entfällt deshalb an der sonst üblichen Stelle.

Fürbitten zwischen Predigt und Abendmahl
Am häufigsten hat das Fürbittengebet seinen Ort zwischen Predigt und Abendmahl. In der Regel schließt es in beiden Grundformen den Teil »Verkündigung und Bekenntnis« ab. In verschiedenen Varianten dieses Teils steht es allerdings vor dem Dankopfer (Kollekte).

»Fürbitten stellen die oratorische Konsequenz der Abkündigungen dar. Ihre Voraussetzung sind Informationen, das Bewußtmachen der Personen und Anlässe, die der Fürbitte bedürfen.« (Helmut Kornemann).

Fürbitten im Rahmen des Abendmahlsgebets
Es wird darauf hingewiesen, dass die Fürbitten auch im Abendmahlsgebet aufgenommen werden können. In den vorgeschlagenen Abendmahlsgebeten ist dies allerdings nur ansatzweise umgesetzt.

Fürbitten im Sendungsteil
Bei einigen Varianten von Grundform I und bei freieren Gottesdienstformen ist das Fürbittengebet zu Beginn des Sendungsteils vorgesehen. Wenn Abendmahl gefeiert wird, kann es mit dem Dankgebet verbunden werden. Sinnvoller Weise können dem Fürbittengebet auch in diesem Teil Mitteilungen aus dem Gemeindeleben vorangestellt werden, die dann in den Fürbitten aufgegriffen werden. Zudem können beispielsweise während der Austeilung von Brot und Wein Fürbitten auf bereitgestellte Zettel aufgeschrieben und während eines Liedes geordnet werden. Sie werden dann im Sendungsteil zur Sprache gebracht.

Chancen

- Je nach Situation und Gottesdienstverlauf kann zwischen verschiedenen Typen des Fürbittengebets gewählt werden.
- Die Fürbitten können nicht nur nach der Predigt bzw. zwischen Predigt und Abendmahl, sondern an verschiedenen Stellen des Gottesdienstes gesprochen werden.
- Sie bieten auch viele Möglichkeiten der Gestaltungsbeteiligung der Gemeinde.
- Die Fürbitten können mit den Kyrierufen im Eingangsteil verbunden werden.
- Nach in den »Abkündigungen« vorgetragenen Informationen schließen Fürbitten oft organisch an.
- Im Rahmen des Abendmahlsgebetes können Fürbitten gesprochen werden.
- Die Fürbitten können mit dem Dankgebet nach dem Abendmahl verbunden werden.

Achtung

- Die Fürbitten sollten keine in Gebetsform verpackten Informationen enthalten.
- Das Gebet ist nicht der Ort für die Fortsetzung der Predigt.
- Die Gemeinde braucht klare Signale durch geprägte Wendungen, damit sie weiß, wann sie einen Ruf singen oder sprechen bzw. ihr Amen zur Sprache bringen soll.
- Dem Gebet sollte ein Gebetsaufruf vorausgehen.
- Gebete, die von der Gemeinde mitgesprochen werden, müssen jeder Person schriftlich vorliegen.

Lesehinweis: GB S. 554–556

C ABENDMAHL

Die Ausgangslage

Das zentrale Element in der gottesdienstlichen Feier der Getauften ist das Abendmahl. Im Mittelpunkt stehen die Einsetzungsworte und die Austeilung von Brot und Wein. Verschiedene Gebete und lobpreisende Gesänge sowie Zeichen der Gemeinschaft umschließen diesen Kern. Elemente neben dem genannten Zentrum der Abendmahlsliturgie sind die Gabenbereitung, die Abendmahlsbetrachtung, das große Lobgebet, das Dreimalheilig, das Vaterunser, das Christuslob, das »Lamm Gottes«, die Einladung, der Friedensgruß und das Dankgebet.

In den verschiedenen Gegenden Deutschlands gibt es eine sehr unterschiedliche Abendmahlsfrömmigkeit. Dies hat zur Folge, dass sowohl die traditionellen Liturgien als auch die neuen Formen verschieden ausgeformt sind. Dazu kommt, dass in ganzen Landstrichen der Predigtgottesdienst ohne Abendmahl die Regel ist, in anderen Regionen dagegen sind Abendmahlsgottesdienste zahlreich. Die Häufigkeit, mit der Abendmahl im Gottesdienst gefeiert wird, reicht von ein bis zweimal im Jahr bis sonntäglich. Bei seltenem Abendmahlsempfang werden in der Regel Beichte und Abendmahl sehr eng miteinander verknüpft. Je häufiger das Abendmahl allerdings gefeiert wird, desto mehr löst sich die Verbindung von allgemeiner Beichte und Abendmahl auf. Die Bemühungen der Kirchenleitungen gehen in den meisten evangelischen Kirchen in Deutschland dahin, zu einer größeren Abendmahlshäufigkeit zu kommen. Als Ziel wird dann die allsonntägliche Abendmahlsfeier angestrebt. Sicher sind Erfolge dieser Bemühungen zu sehen, allerdings sind die Traditionen gerade in diesem Kernbereich des Glaubens sehr beharrlich, da sie verschiedenen Frömmigkeitsprägungen entsprechen.

Viele neue Formen der Feier des Abendmahls sind in den letzten Jahrzehnten entstanden. Dahinter standen verschiedene Vorstellungen. Sehr groß ist die Zahl derer, die betonen, dass es im Abendmahl nicht nur um die Kommunikation zwischen Gott und Mensch geht, sondern auch die Gemeinschaft untereinander gestärkt werden solle. Sehr viel Kreativität ist daher in die Ausgestaltung des zwischenmenschlichen Beziehungsgeschehens geflossen, durch verschiedene Symbolhandlungen im Regelgottesdienst, aber auch durch gänzlich neue Gestaltungsmöglichkeiten. Noch grundsätzlicher tritt der Gemeinschaftsgedanke beim Feierabendmahl und bei den vielen Versuchen hervor, Abendmahlsfeier und Sättigungsmahl (Agape) zu verbinden.

Während die Abendmahlstexte im Regelgottesdienst zu den am wenigsten veränderten Stücken gehören, sind die Gestaltungsvarianten im Bereich der zielgruppenorientierten Gottesdienste erheblich. Dafür gibt es zum Teil theologische Gründe, wie beispielsweise die Ablehnung der Opferbegrifflichkeit, unter anderem in vielen Frauenliturgien. Weitgehend steckt dahinter, dass die Menschenfreundlichkeit Gottes gerade an diesem Punkt durch situationsgemäße Sprache, verstehbare Handlung und leichten Mitvollzug ganzheitlich erfahren werden soll. Zudem kommt insbesondere beim Feierabendmahl die Weltbezogenheit und die ethische Komponente des Abendmahls zum Tragen.

Manche Elemente des Feierns sind von den freien Formen auch wieder in den Regelgottesdienst hineingewandert. So wird beispielsweise auf die Gabenbereitung sehr viel mehr Augenmerk gerichtet als in früheren Jahren. Auch ökumenische Impulse sind in großer Vielzahl aufgenommen worden.

Nicht unerheblich ist weiterhin die Diskussion um ganz praktische Fragen, wie die Form der Austeilung. Dabei spielen vermehrt kommunikative Gesichtspunkte eine Rolle. Die Gemeinschaft untereinander soll versinnbildlicht und gefördert werden. Dem entgegen haben viele Gemeinden wegen erhöhter Angst vor Ansteckung mit Krankheitserregern den Gemeinschaftskelch durch Einzelkelche oder durch den Brauch des Eintauchens der Hostie (Intinctio) abgelöst. Nicht nur hier ist zu sehen, wie sehr gesellschaftliche Einflüsse auch die Abendmahlsgestaltung beeinflussen.

Die Entscheidung des Gottesdienstbuches

Eines der zentralen Anliegen des Gottesdienstbuches ist die sonntägliche Feier des Abendmahls. In Grundform I gehört das Abendmahl zum Normalablauf. Von der Dramaturgie her ist der Gottesdienst so konzipiert, dass diese organisch das Abendmahl als zweiten Höhepunkt nach der Predigt voraussetzt. Wenn diese Ordnung ohne Abendmahl gefeiert wird, fehlt etwas. Gegen die verbreitete Praxis des reinen Predigtgottesdienstes wird hier ein Zeichen gesetzt, dass das angestrebte Ziel die allsonntägliche Abendmahlsfeier ist.

»Die ›Einnahme‹ des Abendmahls wirkt wie eine Sterbevorbereitung und wird gegebenenfalls ausdrücklich als solche gebraucht [...] Das Neue Testament zeigt jedoch, daß Jesus seine Nähe in eine gemeinsame Mahlzeit hineingab, in eine Mahlzeit mit Gespräch und gegenseitiger Anteilnahme.« (Christoph v. Lowtzow).

Obwohl Grundform II von der Dramaturgie her allein auf die Predigt zuläuft, ist auch hier die Abendmahlsfeier als integraler Bestandteil des Gottesdienstes als Möglichkeit aufgenommen. Auf diese Weise werden die beiden Grundformen einander angenähert.

Dem Phänomen, dass in den evangelischen Kirchen unterschiedliche Abendmahlsauffassungen vorhanden sind, versucht das Gottesdienstbuch durchwegs Rechnung zu tragen. So werden unterschiedliche Traditionen der Gestaltung des Abendmahlsteils aufgenommen. Die Vielfalt der Ausführungsmöglichkeiten ist besonders hoch. Neben dem Rückgriff auf die Traditionen sind Einflüsse aus der Ökumene in den Grundformen besonders greifbar. Dabei werden Gebetsformen wie die Erinnerung an die Heilstaten Gottes (Anamnese), die Herabrufung des Heiligen Geistes (Epiklese) oder das Christuslob nach den Einsetzungsworten aufgegriffen.

Charakteristisch für den Abendmahlsteil der Grundformen ist die geprägte Sprachgestalt. Darüber hinausgehend wird aber auch beispielsweise bei Familiengottesdiensten Wert darauf gelegt, dass die Einsetzungsworte in der überlieferten Form gesprochen werden (vgl. GB S. 212). Um den rühmenden Charakter der Abendmahlshandlung (Eucharistie) zu betonen, sind viele Texte auch für einen Sprechgesang eingerichtet.

Doch der Rückgriff auf die Tradition, ja deren Verstärkung ist nur die eine Seite des Gottesdienstbuches. Beeindruckend ist der Reichtum bei der Gestaltung des Abendmahlsteils in freier Form. Ob als Tischabendmahl, als Gottesdienst mit kleiner Teilnehmendenzahl, als Feierabendmahl, als Familiengottesdienst oder Gottesdienst mit reichen Interaktionsformen konzipiert, immer verändert der Abendmahlsteil sein Gesicht, setzt andere Akzente und eröffnet andere Formen des Feierns. Während die liturgiedidaktischen Beispiele im Bereich des Abendmahls verhältnismäßig wenig ausgeführt sind, werden dafür um so mehr ausgeführte Vorschläge vorgestellt.

»Überzeugende Gottesdienstreformen waren stets – besonders im ablaufenden Jahrhundert – Reformen des Abendmahls, das auch Christusmahl oder Eucharistie genannt wird. Hier erneuert und konstituiert sich Kirche am deutlichsten. Man mag dagegen oder dafür noch so viele und erhabene theologische Argumente anführen: Die im Geben und Nehmen, Essen und Trinken, Beten und Reden wahrnehmbare Symbolhandlung kann den ganzen Glanz und das ganze Elend einer Kirche enthüllen.« (Rainer Volp).

Verbindlicher Kern des Abendmahlsteils sind die Einsetzungsworte und die Austeilung von Brot und Wein. Dieser ist von unterschiedlichen Gebeten und lobpreisenden Gemeindegesängen umschlossen; konstant wird in jeder der vorgeschlagenen Möglichkeiten lediglich das Vaterunser gebetet. Sämtliche anderen Stücke fehlen im einen oder anderen Vorschlag.

Die Gestaltungsmöglichkeiten

Grundform I, Erste Form

Die voll entfaltete Form entspricht der abendländischen Messform. Das Lobgebet (Präfation) mündet in den Gemeindegesang des Dreimalheilig (Sanctus). Nach der Erinnerung an die Heilstaten Gottes (Abendmahlsgebet I) und den Einsetzungsworten folgt ein Christuslob (»Deinen Tod, o Herr, verkünden wir …«). Danach wird das große Lobgebet mit der Bitte um den Heiligen Geist fortgesetzt. Im Textteil ist zu beachten, dass die Gebete nicht immer in dieser Reihenfolge sind, da verschiedene Traditionsstränge in die Sammlung Eingang gefunden haben. Dem Vaterunser folgt der Friedensgruß, der kommunikativ gestaltet werden kann. Während und nach der in verschiedenen Formen möglichen Austeilung können Stille, Musik oder Lied(er) ihren Ort finden. Das Dankgebet schließt diesen Teil ab. Im gegebenen Fall kann die Abendmahlsliturgie auch um die jeweils rechts abgedruckten Stücke gekürzt werden.

Verlauf:

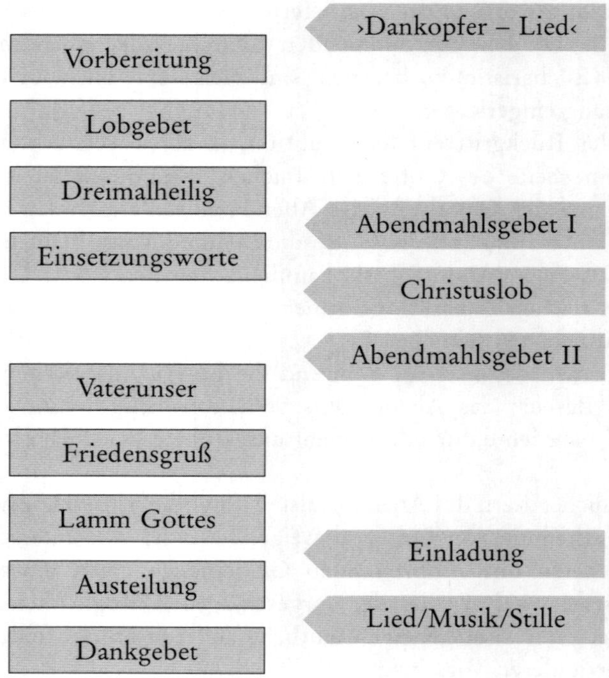

»… im Mahlteil geht es um leibliche Kontaktaufnahme mit Christus, welcher seinen Leib mit den Einsetzungsworten ›ineinsgesetzt‹ hat mit Brot und Wein.« (Michael Meyer-Blanck).

Grundform I, Zweite Form

Hier wird einer speziell lutherischen Besonderheit Rechnung getragen. Luther hatte vorgeschlagen, dass die Austeilung des Abendmahls unmittelbar auf die Einsetzungsworte folgen sollte, damit deren Zuspruch noch präsent ist. So rutscht das Vaterunser vor die Einsetzungsworte, denen allerdings noch das »Lamm Gottes« folgt. In dieser Form sind weder der Friedensgruß noch Anamnese und Epiklese vorgesehen, obwohl dies in manchen lokalen Traditionen durchaus üblich ist.

Verlauf:

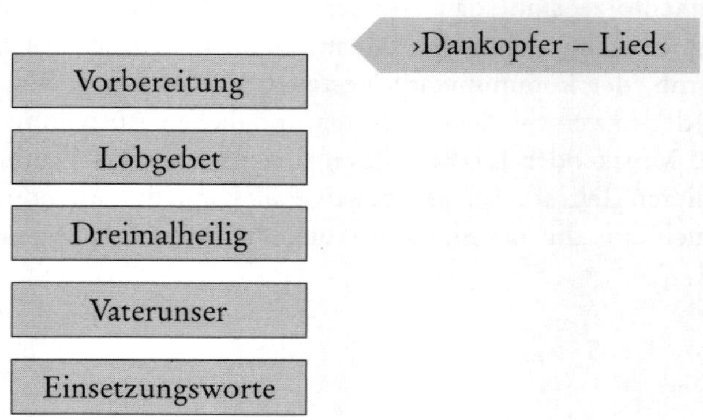

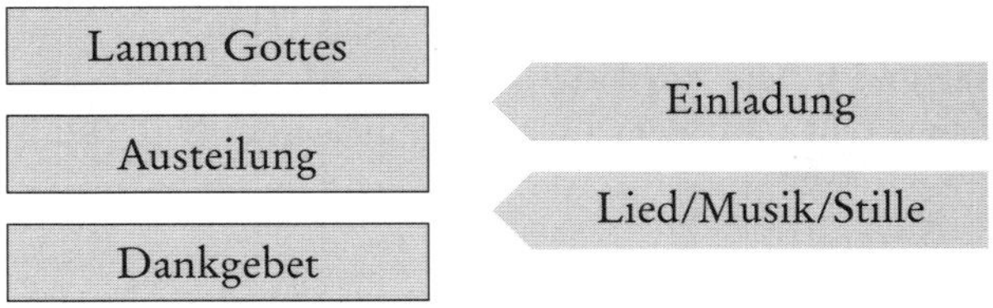

Grundform II
Die im Verhältnis zu Grundform I einfach gestaltete Grundform II nimmt die reformierte und südwestdeutsche lutherische Tradition auf. So steht eine zumeist fest formulierte Abendmahlsbetrachtung (-vermahnung, -verkündigung) am Anfang (Beispiele GB S. 661–665). Inhaltlich wird darin an die rechtfertigende Gnade Gottes, die Heilstaten Christi, die Wirkung des Heiligen Geistes und an die Gemeinschaft der das Abendmahl Empfangenden erinnert. Nach den Einsetzungsworten folgt ein zum Sakrament hinführendes Gebet (GB S. 666–669), das ins Vaterunser mündet. Die Einladung zum Abendmahl ist hier fester Bestandteil der Liturgie. Während und nach der Austeilung können sich Abendmahlslieder, Musik und Stille abwechseln. Vor dem Dankgebet kann ein Danklied gesungen werden.

Durch die Trennung von Eucharistie und Agape »erfolgte eine Erstarrung der liturgisch-sakramentalen Form, während die ›normale‹ Tischgemeinschaft der Menschen verweltlichte und nicht mehr als etwas Heiliges erfahren wird.« (Brigitte Enzner-Probst).

Verlauf:

Tischabendmahl
Diese Form ist für Gottesdienste einer Gruppe oder im Rahmen einer Freizeit gedacht. Sie erinnert an die in Apostelgeschichte 2,46 beschriebene Situation: »Sie brachen das Brot hier und dort in den

Häusern.« Charakteristisch sind freie Gebetselemente. Nach dem Vorbild Martin Luthers wird das Brot direkt nach dem Brotwort und der Wein direkt nach dem Kelchwort ausgeteilt (vgl. GB S. 159).

Verlauf:

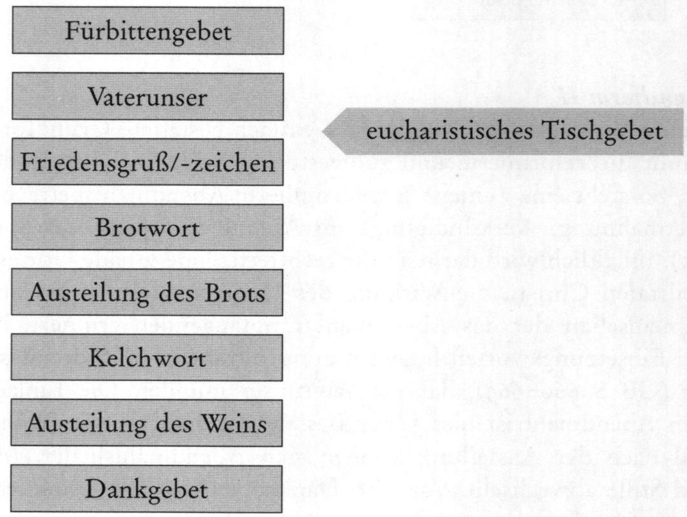

»So hat sich das Christusmahl als ›Merkzeichen der Kirche‹ (M. Luther) auch in alle übrigen gottesdienstlichen Handlungen eingezeichnet, in Gebete und Gesänge. Denn die Einmaligkeit des Lebensopfers Jesu und die Hoffnung auf sein immer wieder erneutes Kommen, die Anamnese des Vergangenen und die Bitte um den heiligen Geist schaffen die seelischen Freiräume, in denen das beschriebene Glück, sich nicht rechtfertigen zu müssen und zur Versöhnung offen zu sein, spürbar wird.« (Rainer Volp).

Abendmahl mit kleiner Teilnehmerzahl (gekürzte Form)

Für diejenigen, die das Abendmahl im vertrauten Rahmen und mit überlieferten Texten feiern wollen, wird eine gekürzte Version von Grundform I vorgeschlagen. Die Ordinariumsstücke sollen erkennbar bleiben und dennoch situationsgerechte Ausformungen und Varianten möglich sein. Es wird Wert auf die liturgischen Gesänge gelegt.

Auch hier kann wie beim Tischabendmahl die Austeilung von Brot und Wein jeweils nach den entsprechenden Stiftungsworten erfolgen. Voraussetzung ist dann aber, dass das Vaterunser vor den Einsetzungsworten gesprochen oder gesungen wird (vgl. GB S. 162f. und 169–171).

Verlauf:

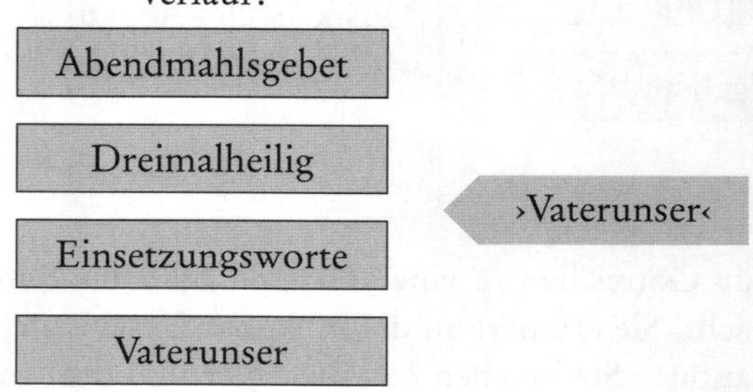

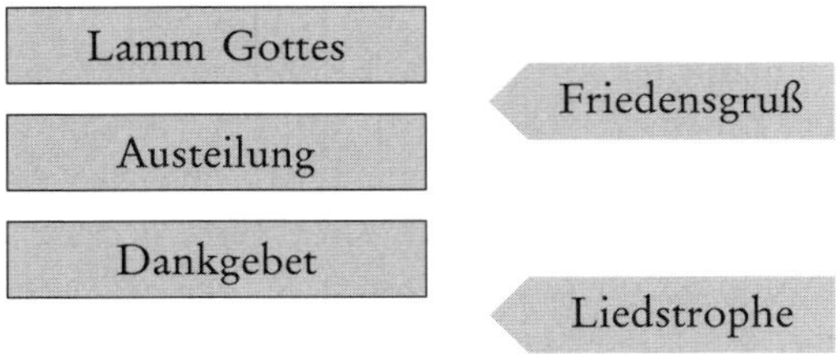

Familiengottesdienst
In den Gemeinden, in denen Kinder zum Abendmahl zugelassen sind, soll es auch im Familiengottesdienst gefeiert werden. Es wird Wert darauf gelegt, dass die Lieder und Gebete so gewählt sind, dass sie von den Kindern auch mitvollzogen werden können. Allerdings sollen sowohl die Einsetzungsworte als auch das Vaterunser in der verbindlichen Form gesprochen oder gesungen werden. Eine in einer Gemeinde für den Familiengottesdienst gewählte Liturgie sollte »über einen längeren Zeitraum hinweg in Geltung bleiben.« (GB S. 212). So wird ausdrücklich die pointierte Meinung hervorgehoben: »Die Abendmahlsliturgie verträgt keine ›Dauerreform‹ – abgesehen von einzelnen Liedern und Gebeten, die natürlich variiert werden können. Sie sollte auch im Familiengottesdienst von didaktischen Absichten frei bleiben.« (ebd.).

»Weniger das ›eine Brot‹ oder der ›eine‹ Kelch stellen Gemeinschaft her und stiften sie, sondern die ganze Feier des gemeinsamen Handelns.« (Theophil Müller).

Besonders hervorgehoben werden die gemeinschaftsstiftenden Zeichen und die Schaffung einer festlichen Atmosphäre zur gewünschten Einbindung der Kinder (vgl. GB S. 212).

Verlauf:

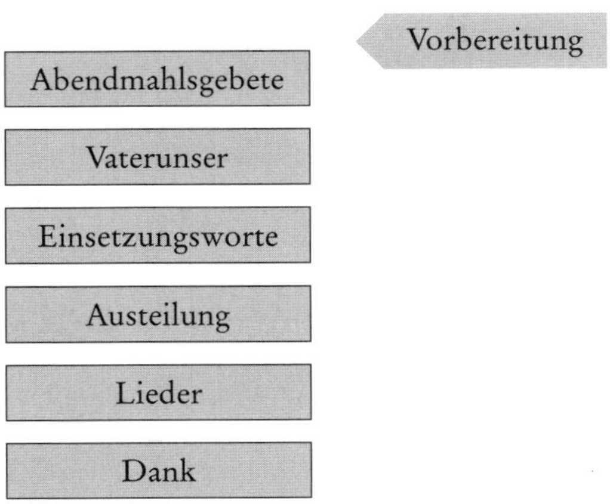

Feierabendmahl
Bei dem Vorschlag für die Gestaltung eines Feierabendmahls soll ein »eucharistischer Lebensstil« (GB S. 214) zur Entfaltung kom-

men. Das Abendmahl soll »als ein Leib, Geist und Seele umfassendes Geschehen zu einem Quellort für die Erfahrung von Ganzheitlichkeit christlicher Lebenspraxis« (ebd.) werden. Bewusst wird deshalb auch keine Liturgie ausgeführt, sondern es werden Ausführungshinweise gegeben. Charakteristisch sind verschiedene Kommunikations- und Interaktionsphasen. So wird beispielsweise bei der Gabenbereitung, die als ausgiebige Kommunikationsphase gedacht ist, die Gemeinde durch Schmücken und Herrichten beteiligt. Wenn eine Form der offenen Austeilung gewählt wird, wird auch hier ein Raum für einen Austausch untereinander geöffnet. Typisch für das Feierabendmahl ist auch das starke, zum Teil spontane Engagement bei den Gesprächen und Gebeten (vgl. GB S. 214, 217f.).

Verlauf:

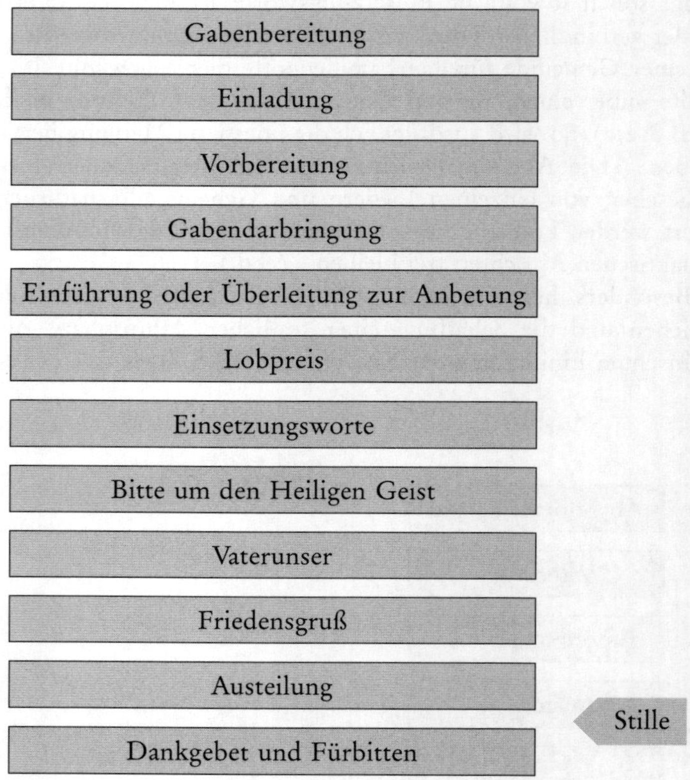

Gottesdienst mit reichen Interaktionsformen

Die beiden Beispiele für eine Gestaltung eines Abendmahlsteils mit besonderen Ausdrucksformen nehmen vor allem Impulse aus Frauenliturgien auf. Ziel ist, alle Sinne anzusprechen und gleichzeitig Freiheit für die jeweilige Beteiligung zu geben. Dabei wird auch der

C 1 Gabenbereitung

Die Ausgangslage

An vielen Orten ist es üblich, dass Brot und Wein bereits zu Beginn des Gottesdienstes auf dem Altar stehen. Oft beschränkt sich deshalb der Akt der Vorbereitung der Abendmahlselemente auf das Abdecken und Bereitstellen der Abendmahlsgeräte sowie auf das Füllen des Brottellers (der Patene) und das Eingießen des Weins in den Kelch bzw. die Kelche.

In jüngster Zeit haben aber vor allem zwei Entwicklungen an vielen Orten zu Veränderungen geführt. Zum einen kam es insbesondere durch die Feierabendmahlbewegung zu einer engen Verknüpfung von Dankopfer und Abendmahl (s.o. S. 90). Zum anderen trug das veränderte ökumenische Klima zu einer veränderten Einstellung zur Gabenprozession bei. Die altkirchliche Form der Gabenbereitung, bei der die Gaben direkt vor der Abendmahlsfeier zum Altar gebracht werden, fand so auch wieder Eingang in evangelische Gottesdienste. Allerdings gab und gibt es aus den alten Gründen auch Widerstände gegen diese Form der Gabenbereitung. Ein befürchtetes Missverständnis ist, dass durch das Herbeibringen von Gaben durch Feiernde an dieser Stelle des Gottesdienstes der Eindruck entstehen könnte, dass Menschen etwas darbringen und so nicht mehr deutlich genug wird, dass allein Gott der Gebende ist. Eine Alternative ist es, wenn mancherorts Brotteller, Kelche und Weinkannen durch Mitglieder des Kirchenvorstands oder vom Gottesdienstvorbereitungsteam bereits zu Beginn des Gottesdienstes zum Altar gebracht werden.

Bereits die ältesten Kirchenordnungen regeln das Herrichten von Brot und Wein für das Abendmahl. In einer Gabenprozession werden dabei die Elemente zum Altar gebracht und dort für den liturgischen Akt aufgestellt. In evangelischen Kirchen beschränkt sich der Akt der Bereitung oft auf das Abdecken, das Zurechtrichten und das Füllen von Patene und Kelch. Dabei werden die Hostien oder das Brot zumeist auf einer Schale bzw. einem Altarteller (Patene) vom Kirchenschiff aus gesehen auf die linke Seite des Altars gelegt. Der Kelch bzw. die Kelche werden, manchmal zusammen mit gefüllten Kannen, auf die rechte Seite gestellt. Das Tuch, mit dem die Abendmahlsgeräte bis zur Gabenbereitung oft zugedeckt sind, wird abgenommen. In jüngster Zeit werden wieder Formen des Hereinbringens der Gaben aufgegriffen wie sie in anderen Kirchen üblich sind. Damit verbunden kommt es oft auch wieder zu einer engeren Verbindung von Dankopfer und Gabenbereitung.

Die Entscheidung des Gottesdienstbuches

Die Gabenbereitung gehört nicht zu den als Regelbestandteil vorgesehenen Stücken des Gottesdienstes. In Grundform II wird noch nicht einmal die Möglichkeit erwähnt, die damit verbundenen Gestaltungselemente zu integrieren. In Grundform I ist zwischen Dankopfer und Lobgebet (Präfation) eine Rubrik »Vorbereitung« eingefügt. Damit wird der Tatsache Rechnung getragen, dass Brot und Wein hergerichtet werden müssen. Die Gestaltungsmöglichkeiten sind dabei vielfältig und hängen oft von lokalen Traditionen ab. Sind die Abendmahlsgeräte und die Elemente bereits vor dem Gottesdienst bereitgestellt worden, so werden zumeist die Tücher abgenommen und alles an den richten Platz gestellt.

»Daß die Enthüllung und Vorbereitung der Abendmahlsgeräte in die Vorbereitung zum Abendmahl gehören, ist selbstverständlich. ... Es wäre durchaus sinnvoll, die Abendmahlsgeräte erst kurz vor Beginn der Mahlfeier zum Altar zu bringen« (Helmut Kornemann).

Das Gottesdienstbuch eröffnet sowohl die Möglichkeit des Hereinbringens der Gaben vor dem Gottesdienst als auch die des He-

»… die Geldkollekte wird aus ihrer peinlichen Isolierung befreit: Schließlich lebten in der alten Kirche die Armen vom Überfluss *der hier dargebrachten Gaben. So gehören Gabendarbringung, Gabenbereitung, Gabengebet eigentlich zur voll entfalteten* Sprach-Handlung *des Abendmahls hinzu …« (Karl-Heinrich Bieritz).*

»Speise und Trank werden von religiösen Menschen als Gaben des Schöpfers erfahren, der nicht nur Schöpfer und Quell des Lebens ist, sondern auch sein Erhalter. So wird das Mahl *zum Rückverweis auf den Schöpfergott. Wer das bedenkt, der dankt. Gott danken aber heißt beten. … So ist in den Gebeten der Gabenbereitung schon eine tiefe Aussage über Sinn und Ziel des eucharistischen Mahles enthalten.« (Adolf Adam).*

»In der Urkirche bildete die Vorbereitung des Tisches einen Teil des Gottesdienstes: Man wählte eine Familie aus, die das Brot und den Wein brachte, sie dem Gemeindeleiter zeigte und auf den Abendmahlstisch legte bzw. stellte. Gleichzeitig übergaben weitere Familien Speisen und sonstige Gaben für die Armen.« (Alfred Kuen).

reinbringens vor der Abendmahlsfeier. Im Zuge der Vorbereitungen am Altar kann ein Gebet gesprochen oder auch eine Liedstrophe gesungen werden. Letzteres gilt für den Fall, dass zuvor keine Kollekte eingesammelt wurde. Verschiedene Vorbereitungsgebete werden in der Liturgie bzw. im Textteil ausgeführt (vgl. GB S. 78, 553). Sie können zugleich dazu dienen, die oben genannten Missverständnisse in Bezug auf die Gabenbereitung nicht aufkommen zu lassen.

Auffällig ist der an einen altkirchlichen Brauch anknüpfende Hinweis, dass unmittelbar vor der Austeilung während eines Abendmahlsliedes das Brot gebrochen werden kann (vgl. GB S. 55).

Die Gestaltungsmöglichkeiten

Abschluss der Bereitstellung der Gaben durch ein Gebet
Unabhängig davon, ob die Gaben erst hereingebracht werden oder bereitstehen, bedarf es auch innerhalb des Gottesdienstes einer Zeit der Vorbereitung der Abendmahlsfeier. Dies kann während des Singens einer Liedstrophe oder in einer Phase der Stille geschehen. Wenn alles am rechten Ort ist, wird im Gottesdienstbuch vorgeschlagen, ein Gebet zu sprechen (vgl. GB S. 78 und 553).

Verknüpfung von Dankopfer und Gabenbereitung
Die Möglichkeit der Verknüpfung von Dankopfer und Gabenbereitung ist eine Option (vgl. o. S. 90). Werden anstelle des Dankopfers in Form von Geld Naturalgaben und Gegenstände für Bedürftige gebracht, so können gegebenenfalls daraus Brot und Wein in Schalen und Krügen auf den Altar gestellt werden (vgl. GB S. 206).

Freie Formen der Gabenbereitung
In Familiengottesdiensten können Kinder allein oder zusammen mit Erwachsenen die Gaben hereintragen und den Abendmahlstisch mit decken (vgl. GB S. 212). Überhaupt wird in den freien Formen das Moment des Tisch-Herrichtens mit Tüchern, Brot, Wein, Blumen und Kerzen betont. Dazu können meditative Texte gesprochen werden (vgl. GB S. 229f.).

Chancen

- Es werden verschiedene Möglichkeiten der kirchenjahreszeitlichen und situationsgemäßen Ausgestaltung aufgezeigt.
- Kollekte und Gabenbereitung können verknüpft werden.

Achtung

- Wenn Gabenbereitung und Einsammeln der Geldkollekte miteinander verbunden sind, so muss dieser Zusammenhang bei der Ankündigung des Verwendungszwecks des Geldes bedacht werden.

- Auch bei freien Formen sollten bestimmte Grundregeln beachtet werden wie den Wein auf die rechte und das Brot auf die linke Seite des Altars zu stellen.

Lesehinweis: GB S. 46, 229 f.

C 2 Abendmahlsbetrachtung

Die Ausgangslage

Die Vermahnung, Ermahnung oder auch Exhortatio diente in den reformatorischen Kirchenordnungen zur gezielten Vorbereitung auf das Abendmahl. Vorherrschend waren dabei an 1. Kor. 11,26–29 orientierte Ausführungen, die zu einem würdigen Empfang des Abendmahls anleiten wollten. Sowohl durch ermahnende (nouthetische) als auch durch an Gottes Heilshandeln erinnernde (anamnetische) zum Verlesen gedachte Texte sollte zu einem vertieften Verständnis des Sakraments angeleitet werden. Die klassischen Formen der Abendmahlsvermahnung sind inzwischen oft aufgebrochen oder durch Abendmahlsbetrachtungen ersetzt worden, die zur Kommunion einladen und ermutigen.

Die »Abendmahlsvermahnung« diente noch zu Beginn des 20. Jahrhunderts in den meisten reformatorischen Agenden zur »rechten« Vorbereitung auf das Abendmahl. Allerdings wurden sie in der Folgezeit zum einen in einer ganzen Reihe von Kirchen durch das Lob- und die Abendmahlsgebete ersetzt, zum anderen nahm die Akzeptanz von Ermahnungen ab. Obwohl die Texte auch Ermutigungen und das Heilsgeschehen für die Gottesdienstteilnehmerinnen und –teilnehmer aufschließende Elemente enthielten, standen doch die Aufforderung zur Selbstprüfung und die Ermahnung der Sünder im Vordergrund. In die Entwicklung zu einem auf Verkündigung der frohen Botschaft und auf Anbetung hin ausgerichteten Gottesdienst passte dieses traditionelle, vor allem katechetische Element, nicht herein.

So kam es dort, wo die Abendmahlsermahnung beibehalten wurde, zu erheblichen Verschiebungen. Vor allem die Ermahnungen wurden weitgehend eliminiert. An ihre Stelle traten Einladungen »zum Glauben an die im Sakrament verbürgte rechtfertigende Gnade …, [und es] wurde vielfach … an das Heilswerk Christi, an die Wirkung des Heiligen Geistes und an die Gemeinschaft der das Abendmahl Empfangenden erinnert« (GB S. 661). So war es nur folgerichtig, für den Begriff »Abendmahlsvermahnung« andere Bezeichnungen wie »Wort zum Abendmahl« oder »Abendmahlsbetrachtung« zu suchen.

»Die ›Vermahnung‹ steht im Sinne einer Tischrede, *welche die Situation reflektierend, von Predigt oder Vaterunser (z.B. in Luthers Deutscher Messe) überleitet zum eucharistischen Gebet. Als Festrede sollte sie nicht die Beichte ersetzen, sondern hinleitende und hermeneutische Funktion haben. In verkürzter Form besteht die Vermahnung aus dem bloßen Friedensgruß (›Der Friede des Herrn sei mit Euch allen. Keiner sei wider den anderen, keiner ein Heuchler, vergebet, wie Euch vergeben ist, nehmet einander an, wie Christus Euch angenommen hat zum Lobe Gottes‹).« (Rainer Volp).*

Die Entscheidung des Gottesdienstbuches

Programmatisch ist schon die Benennung »Abendmahlsbetrachtung«. Sie signalisiert, dass den traditionellen Abendmahlsermahnungen kein Raum mehr gegeben wird. Vielmehr soll die Gemeinde eingeladen werden, »Stiftung und Verheißung des Abendmahls zu bedenken« (GB S. 55).

Die Abendmahlsbetrachtung ist ausschließlich in Grundform II vorgesehen. Dort eröffnet sie die Feier des Abendmahls und mündet in die Einsetzungsworte. Die entsprechenden Verknüpfungen werden bei vielen der vorgeschlagenen Texte geleistet (vgl. GB S. 661–665).

Bei den Hinweisen zur freien Gestaltung und den ausgeführten alternativen Gottesdienstformen ist die Abendmahlsbetrachtung bei den Gestaltungsmöglichkeiten nicht berücksichtigt.

Die Gestaltungsmöglichkeiten

Vorformulierte Abendmahlsbetrachtungen

Die vorgeschlagenen Abendmahlsbetrachtungen sind sehr unterschiedlich. Manche sind eigentlich Einladungen zum Abendmahl mit Überleitung zu den Einsetzungsworten (vgl. z. B. GB S. 661), manche erschließen verschiedene theologische Aspekte des Abendmahls (vgl. z. B. GB S. 142), andere weisen auf die ethischen Auswirkungen des Abendmahlsempfangs hin (vgl. GB S. 663 unten), wieder andere erinnern an die Heilstaten Christi (vgl. GB S. 664 oben). Man wird also genau überlegen müssen, welche Funktion die Abendmahlsbetrachtung im jeweiligen Gottesdienst haben soll und wo die Schwerpunkte gesetzt werden. Sämtliche vorgeschlagenen Texte (vgl. GB S. 142, 661–665) sind zum Verlesen gedacht.

Freie Formulierungen

Die Abendmahlsbetrachtung ist von der Predigt dadurch unterschieden, dass der Text vorformuliert ist. Im Gottesdienstbuch wird auch die Möglichkeit eröffnet, die Ausführungen mit freien Worten zu machen (vgl. GB S. 55). Es wird darauf zu achten sein, dass hier keine zweite Predigt gehalten wird. Die kurze Betrachtung sollte organisch zu den Einsetzungsworten führen.

»Der Begriff ›Abendmahlsbetrachtung‹, der heute vielfach gebraucht wird, wehrt nicht nur Assoziationen ab, die bei ›Abendmahlsvermahnung‹ sich einstellen …, sondern mit der Terminologie ist auch die klassische Gestalt dieses liturgischen Stückes aufgebrochen worden« (Kurt Molitor).

Bei der Durchsicht von Martin Luthers Deutscher Messe *von 1526 fällt auf: »Die eine Vaterunserparaphrase einschließende* Vermahnung ersetzt die Präfation, *ein primär homiletisches Element, den letzten Rest der Danksagung, ein auffälliger und folgenschwerer Paradigmenwechsel. Dabei erliegt Luther dem fundamentalen spätmittelalterlichen Missverständnis der Präfation als Vorrede oder Einleitung, das die Vorsilbe ›prae‹ statt räumlich – ›vor Gott und der Gemeinde‹ (die Danksagung aussprechen) – zeitlich deutet.« (Hans-Christoph Schmidt-Lauber).*

Chancen

- An die Stelle einer Abendmahlsvermahnung kann auch eine kurze freie Abendmahlsansprache treten.
- Bei Gottesdiensten mit kleiner Teilnehmendenzahl kann eine Abendmahlsbetrachtung die liturgischen Wechselgesänge der Abendmahlsliturgie ersetzen.

Achtung

- Wenn bereits über das Abendmahl gepredigt wurde, entfällt auch in Grundform II die Abendmahlsbetrachtung.
- In eine freie Abendmahlsbetrachtung sollten die Einsetzungsworte nicht integriert werden.
- Eine Abendmahlsbetrachtung sollte stets kurz gehalten sein.

Lesehinweis: GB S. 55, 661

C 3 Lobgebet (Präfation)

Das Lobgebet (Präfation) eröffnet in der abendländischen Messform den großen Lobpreis im Abendmahl. Es ist liturgisch geprägt und wird zumeist gesungen. Ein dreifacher Dialog (Versikelpaare, Präfationsdialog) zwischen Liturgin bzw. Liturg und Gemeinde, der rühmenden und dankenden Charakter hat, ist dem Lobgebet vorgeschaltet. Der Dialog besteht aus dem Gruß (Salutation), dem »Die Herzen in die Höhe ...« (Sursum corda) und dem »Lasset uns Dank sagen ...« (Gratias). Das Lobgebet hat ebenfalls eine feste Struktur. Im Eingangsteil werden Lob und Dank artikuliert, im kirchenjahreszeitlich wechselnden Mittelteil werden Stationen des Heilshandelns Gottes erinnert und der rühmende Schlussteil mündet in den »Lobgesang der Engel«, das von der Gemeinde gesungene Dreimalheilig (Sanctus).

»Wie die jüdische Beraka verbindet die Präfation lobpreisende Huldigung, Anbetung, jubelnde Preisung des Gottesnamens und bewundernde Schilderung der Großtaten Gottes mit dem Dank für konkrete Wohltaten, die Gott uns erwiesen hat. Die Präfation ist also nicht nur Introitus des Abendmahlsgebetes, sie ist bereits Eucharistiegebet im tiefsten Sinn des Wortes, eine Liebeserklärung an Gott und Dank für das, was er konkret uns Gutes getan hat.« (Karl Scheidhauer).

Die Ausgangslage

In vielen Regionen ist dieser Gottesdienstteil unbekannt. Wo die Tradition eines einleitenden Lobgebetes im Abendmahlsteil lebendig ist, wird dies zumeist gesungen, selten gesprochen. Häufig gehört dieses Stück dann zum Kernbestand der Abendmahlsliturgie bzw. des Eucharistiegebetes. Die anderen Abendmahlsgebete (Erinnerung an die Heilstaten Gottes = Anamnese und Herabrufung des Heiligen Geistes = Epiklese) entfallen in diesem Fall oft.

Umgekehrt werden in den freien Gottesdienstformen meist andere Gebete zum Abendmahl gewählt. Der das Präfationsgebet einleitende Präfationsdialog, das Präfationsgebet selbst sowie das Dreimalheilig entfallen dann. Sie werden als zu liturgisch und der Situation nicht angemessen gesehen. Viele traditionelle Formulierungen werden zudem als vom Wortlaut her unverständlich empfunden. Als Reaktion auf diese Kritik wird versucht, thematische und aktuelle Bezüge einzubauen, die Form aufzubrechen und neue Formulierungen vorzuschlagen.

Die Entscheidung des Gottesdienstbuches

In Grundform I gehört das Lobgebet samt einleitendem Dialog zu den Regelbestandteilen der Abendmahlsliturgie. In Grundform II ist es, dieser Tradition entsprechend, überhaupt nicht vorgesehen. Da es »dem Wesen der Präfation [entspreche], dass sie gesungen wird« (GB S. 614), liegen die meisten Textvorschläge in einer Singfassung vor. Dabei werden die beiden Haupttraditionen aus dem evangelischen Bereich aufgegriffen (vgl. GB S. 110ff, und 121f.). Sie sind in der Struktur vergleichbar, unterscheiden sich aber in den geprägten Wendungen. Neben den allgemeinen, die Kirchenjahreszeit übergreifenden Präfationen gibt es Vorlagen zu besonderen Festtagen und besonderen Anlässen (vgl. GB S. 244, 258f., 272f., 296f., 310, 320f., 342f., 348f., 408f).

Sehr breiten Raum nehmen die gesprochenen Lobgebete im Textteil ein. Neben denen, in denen Eingangs-, Mittel- und Schlussteil der Präfation unterschiedlich miteinander kombiniert werden können (vgl. GB S. 614–621), sind als einheitliches Ganzes formulierte Vorschläge (vgl. GB S. 622–629) und freie Formen (vgl. GB S. 630–632) abgedruckt. Dabei werden verschiedenste Feste wie auch besondere gottesdienstliche Anlässe bedacht. Die Vielzahl der Neuformulierungen und Varianten zeigt, welche Bedeutung das Gottesdienstbuch der Präfation zumisst.

»Die Herzen sollen ›in die Höhe erhoben‹ werden, denn es sei ›würdig und recht‹, dem ›heiligen Herrn, allmächtigen Vater, ewigen Gott allezeit und alllenthalben zu danken durch *Christus‹. Was bedeutet das alles, und was mag sich ein einfaches Gemeindeglied darunter vorstellen, das beispielsweise aufgefordert wird, ›durch‹ Christus zu danken?« (Christoph v. Lowtzow).*

Die Gestaltungsmöglichkeiten

Lobgebet (Präfation) als Einleitung für das große Lobgebet
In der Regel sind der Präfationsdialog und das Präfationsgebet mit dem Dreimalheilig nicht als eigenständige Stücke gedacht. Sie gehören beide organisch zum großen eucharistischen Gebet und bilden dessen Einleitung.

Lobgebet in Verbindung mit den Einsetzungsworten
In manchen Traditionen folgen die Einsetzungsworte direkt auf das Lobgebet. Eine solche Variante wird als freie Gottesdienstform vorgestellt (vgl. GB S. 231). Möglich wäre hier auch, vor den Einsetzungsworten noch das Vaterunser einzufügen.

»Welt und Menschen leben vom Lob, leben durch das Lob Gottes. Solches Lob auch in Dunkelheiten, Gottesferne, Zweifel und Gefahr durchzuhalten (besser: auszuhalten!) ist unverzichtbarer Auftrag gemeinschaftlichen, gottesdienstlichen Gebets.« (Karl-Heinrich Bieritz).

Chancen

- Die dialogische Struktur dieses Gebetsteils fördert die innere und äußere Beteiligung.
- Die Präfation kann je nach Kirchenjahreszeit oder Anlass akzentuiert werden.
- Es kann zwischen gebundenen und freien Formen gewählt werden.

Achtung

- Wo ein Präfationsdialog gesungen oder gesprochen wird, muss die Gemeinde Text (und Melodie) vor sich haben. Er kann nicht als bekannt vorausgesetzt werden.
- Die Gesangbuchnummer des Dreimalheilig sollte an der Liedertafel angeschlagen werden.

Lesehinweis: GB S. 46 und 614

C 4 Einsetzungsworte mit großem Lobgebet

Die Ausgangslage

Unter dem Namen »Großes Lobgebet« werden die Gebete nach der Präfation zusammengefasst, obwohl sie mit dieser eine Einheit bilden. In der Ökumene wird dieser Teil zumeist »Eucharistiegebet« genannt. Die einzelnen Elemente sind die Erinnerung an Gottes Heilstaten (Anamnese), die Einsetzungsworte, die Herabrufung des Heiligen Geistes, das Vaterunser und der Ausblick auf die endzeitliche Vollendung im Christuslob (»Deinen Tod … bis du kommst«). Dabei stellen die Gebete eine Entfaltung des im Präfationsgebet intonierten Lobes dar. Sehr oft folgen sie einer trinitarischen Struktur.

Es ist selten bestritten, dass die Einsetzungsworte ein unverzichtbares Element der Abendmahlsfeier sind. In der Regel werden sie in den geprägten Wendungen gesungen oder gesprochen. Vor allem in der Feierabendmahlbewegung hat man sich aber auch um Neuformulierungen bemüht. Diese haben sich allerdings bis jetzt genauso wenig wie das situationsgemäße, freie Formulieren dieses Stückes durchgesetzt.

Bei der Revision des Luthertextes 1984 wurde bei dem in den Einsetzungsworten aufgegriffenen Text das Wort »Testament« durch »Bund« ersetzt. Manche Gemeinden bleiben jedoch bei der alten Formulierung. Zudem gibt es neben dem in den meisten evangelischen Kirchen gebräuchlichen Text eine auf 1. Kor. 11, 23–25 basierende Fassung, die vor allem im Bereich der Evangelischen Kirche der Union im Gebrauch ist.

Sowohl die Anzahl als auch die Reihenfolge der die Einsetzungsworte umgebenden Gebete ist sehr verschieden. Das liegt zum einen an den verschiedenen Traditionen, das Abendmahl zu feiern, zum anderen am Geschmack bzw. den eigenen Entscheidungen der Liturginnen und Liturgen. Dabei sind auch hier gegenläufige Tendenzen festzuhalten. Auf der einen Seite wird im Aufgreifen ökumenischer Impulse das gesamte Lobgebet einschließlich der Einsetzungsworte als *ein* großes Gebet verstanden. Dann wird auch eine Form gewählt, in der möglichst alle Elemente ausgeführt werden. Auf der anderen Seite erfolgt eine Konzentration auf diejenigen Bestandteile der Abendmahlsliturgie, die als zentral angesehen werden. Selbst in Gegenden mit anderer liturgischer Tradition werden dann nur ein auf die Einsetzungsworte hinführendes Gebet und die Einsetzungsworte selbst gesprochen.

»Hier findet also, gewiß nur angedeutet und ganz vorübergehend, eine Aufführung statt, ein Drei-Minuten-Spiel, das sich von allen anderen Teilen des Gottesdienstes dadurch unterscheidet, daß es auf den Kultstifter zurückgeht, ja daß es ihn in personaler Repräsentanz durch den Liturgen auftreten läßt.« (Manfred Josuttis).

Die Reihenfolge der Gebete ist verschieden. Zum Teil steht zuerst die Anamnese und dann die Epiklese, ein andermal ist es genau umgekehrt. Zum Teil durchdringen sich das Erinnern an die Heilstaten Gottes (Anamnese) und das Herabrufen des Heiligen Geistes (Epiklese), so dass gar nicht festgestellt werden kann, welches Gebet es ist. Die Herabrufung des Heiligen Geistes auf Brot und Wein (»Gabenepiklese«) wird im evangelischen Bereich nach wie vor abgelehnt; Verwendung findet dort nur die Herabrufung des Heiligen Geistes auf die Versammelten.

Da die Gottesdienstordnung der Vereinigten Evangelisch-Lutherischen Kirche Deutschlands im Abendmahlsteil ohnedies in vielem mit der römisch-katholischen Liturgie übereinstimmt, gibt es ökumenische Bestrebungen, die Feierformen noch mehr anzugleichen. Dies führte zu einer erneuten Diskussion um die Hochgebete der katholischen Kirche und die Möglichkeiten, sie im evangelischen Gottesdienst zu gebrauchen. Neben einer grundsätzlichen Ablehnung dieser Hochgebete gab es aber auch viele konstruktive Formulierungsvorschläge und Kritik. Vor allem die Beschreibung der Bedeutung des Opfers Christi in den Gebeten wird von evangelischer Seite in manchen Hochgebeten des römischen Messbuches nach wie vor kritisiert. Ebenso findet das dort obligatorische Gebet für den Papst wenige Befürworterinnen und Befürworter, wohl aber die Fürbitte innerhalb des großen Lobgebets. Weit verbreitet ist inzwischen die Gemeindeakklamation: »Deinen Tod, o Herr, verkünden wir ...«. Wie umstritten ökumenische Impulse sein können, ist sehr deutlich an der die Akklamation einleitenden Wendung »Geheimnis des Glaubens« abzulesen. Als auch dies zur Übernahme empfohlen wurde, gab es erhebliche Vorbehalte, da damit ein magisches Missverständnis verbunden werden könnte.

Im Zuge der Neuentdeckung des Symbolischen in der evangelischen Kirche verbreiten sich wieder die Elevation (sichtbares Hochheben der Elemente) und das Schlagen des Kreuzes über den Elementen beim Sprechen der Einsetzungsworte.

»Nicht das Kreuzesopfer wird wiederholt – so der falsche, irreführende Aspekt des Messopfergedankens. Wiederholt wird aber die Stellung der Jünger zu dem seinen Leib und sein Leben hingebenden Herrn, der Widerspruch zwischen dem unmittelbaren Erleben des entscheidenden Ereignisses der Weltgeschichte und dem Kleinglauben, Rangstreit, der Verleugnung und dem Verrat.« (Michael Meyer-Blanck).

Die Entscheidung des Gottesdienstbuches

Die Einsetzungsworte gehören zum Grundbestand jeder Abendmahlsfeier. Deren Bedeutung und Gebrauch wird ausdrücklich beschrieben (vgl. GB S. 27f.). Dabei wird an den überlieferten Formulierungen festgehalten und diese auch bei den freien Gottesdienstformen empfohlen. Die Stellung der Einsetzungsworte kann je nach Dramaturgie wechseln.

Noch sehr viel variabler ist die Anzahl und Stellung der Gebete in diesem Teil. Auf einen erneuten Aufweis der vielfältigen Möglichkeiten wird an dieser Stelle verzichtet, da diese bereits oben S. 103–110) veranschaulicht wurden. Es muss allerdings darauf hingewiesen werden, dass das Gottesdienstbuch im Abendmahls-Textteil nicht einfach zu handhaben ist, da unterschiedlichste Möglichkeiten nebeneinander stehen, die je nach Dramaturgie, Situation und Tradition auszuwählen sind. Bereits in den Grundformen geht man der Problematik, dass Anamnese und Epiklese einen verschiedenen Ort haben können, durch verschiedene offene Benennungen aus dem Weg. Hinter den formalen Bezeichnungen Abendmahlsgebet I und Abendmahlsgebet II können sich so im Textteil identische Gebetstypen verbergen. Oft finden wir auch nur ein einziges Lobgebet, das die Einsetzungsworte zusammen mit erinnernden Ele-

»Was sich im eucharistischen Handeln – der Bereitung, der Darbringung, der Segnung, dem Empfang von Brot und Wein – abbildet und zur Sprache bringt, wird im eucharistischen Gebet *worthaft und in gleichgerichteter, gleichsinniger Weise ausgesagt und vollzogen. Daß christlicher Gottesdienst als* Tischgemeinschaft *zugleich* Erinnerungs- *und* Erzählgemeinschaft ... *ist, wird nirgends sonst so evident wie im entfalteten* eucharistischen Gebet. *Zugleich wird die* Sprach-Handlung *des Mahls dadurch der Beliebigkeit entzogen: Wer sich ihr einfügt, wird in die hier erinnerte, lobpreisend erzählte Geschichte hineingezogen; und die ist eindeutig in ihrem Namen, ihrem Grund, ihrem Ziel.« (Karl-Heinrich Bieritz).*

menten und mit der Herabrufung des Heiligen Geistes enthält (vgl. z. B. GB S. 231).

Bei der Auswahl der Gebete wird das Kriterium, alte und neue Texte gleichberechtigt nebeneinander zu stellen, besonders deutlich. Auf der einen Seite werden Texte aus der Tradition wieder neu erschlossen wie das Hochgebet nach Hippolyt (3. Jahrhundert, vgl. GB S. 645 f.), auf der anderen Seite neue Texte beispielsweise für Familiengottesdienste abgedruckt (vgl. GB S. 659 f.).

»In der Rezitation der Einsetzungsworte kommen Anamnese und Epiklese zum Ziel. Heilsgeschichte und Heilswelt versammeln sich zur Gegenwart göttlicher Atmosphäre, die durch die angedeutete Aufführung der Ur-Szene konturiert wird.« (Manfred Josuttis).

In Grundform I werden auch behutsam Impulse aus der Ökumene aufgegriffen, die für das Bemühen um ein erneuertes Eucharistiegebet maßgeblich waren. Dadurch kam es zu manchen Anreicherungen und zur Übernahme von Formulierungen aus anderen Konfessionen. Der aus der katholischen Messe übernommene Lobpreis der Gemeinde: »Deinen Tod ...« kann mit den Worten »Groß ist das Geheimnis des Glaubens« eingeleitet werden. Damit ist eine Deutung des »Geheimnis des Glaubens« vorgegeben, die Missverständnisse ausschließen soll. Sämtliche Texte, die so verstanden werden könnten, dass das Kreuzesopfer Christi wiederholt würde, sind ausgeschlossen worden. Ähnlich wird bei der Herabrufung des Heiligen Geistes darauf geachtet, dass deutlich wird, dass die Bitte den versammelten Personen gilt, nicht den Elementen Brot und Wein.

Hinsichtlich der verschiedenen im Gebrauch befindlichen Textversionen der Einsetzungsworte gibt es eine große Offenheit. Allerdings sollen in einer Gemeinde immer dieselben Worte gebraucht werden (vgl. GB S. 27).

»Die Rezitation der verba testamenti gehört – obwohl es sich um einen begründenden Text handelt, der sich auch zur narrativen Prädikation eignet – nicht zu dem ursprünglichen Bestand des Eucharistiegebets, sondern in die bei der Mahlfeier geschehende oder ihr vorausgehende Verkündigung.« (Hans-Christoph Schmidt-Lauber).

In puncto Zeichenhaftigkeit gibt es keine Festlegungen. Das Kreuzzeichen kann über den Elementen geschlagen und danach können die Gaben hochgehoben werden oder auch nicht.

Die Gestaltungsmöglichkeiten

Ausführliche Formen des großen Lobgebets

Die Grundform I stellt in ihrer ausführlichsten Form ein einziges großes Gebet dar, das die Elemente Gotteslob, Dreimalheilig, Erinnerung an Gottes Heilstaten, Einsetzungsworte, die Herabrufung des Heiligen Geistes, das Vaterunser und das Christuslob enthält. Die Anordnung der einzelnen Stücke kann variieren.

In Grundform II ist vor den Einsetzungsworten eine Abendmahlsbetrachtung vorgesehen. Danach folgen noch ein Abendmahlsgebet und das Vaterunser.

Einfache Formen

In der zweiten Ausformung von Grundform I (vgl. GB S. 121 f.) sind das Vaterunser und die Einsetzungsworte vorgesehen. Das vorangestellte Vaterunser wird dabei als Tischgebet gesprochen. Dieselbe Funktion hat es auch beim Familiengottesdienst (vgl. GB S. 212), bei dem allerdings vorher noch Abendmahlsgebete vorgesehen sind.

In den freien Formen können einzelne Stücke unterschiedlich miteinander kombiniert werden. So werden beispielsweise für das Feierabendmahl ein Lobpreis, die Einsetzungsworte und die Bitte um den Heiligen Geist vorgeschlagen (vgl. GB S. 217). Bei anderen Beispielen verschmelzen Einsetzungsworte und Abendmahlsgebet zu einer untrennbaren Einheit.

Die Stellung der Einsetzungsworte
Je nachdem, wann und in welchem Kontext die Einsetzungsworte gesprochen oder gesungen werden, haben sie eine unterschiedliche Funktion. So können sie, eingebettet in die Abendmahlsgebete, Gebetscharakter haben (Beispiel Grundform I). Folgen sie auf die Gebete und werden direkt vor der Austeilung gesprochen (Beispiel Grundform II), so besitzen sie Verkündigungscharakter.

Chancen

- Für jede Gottesdienstsituation werden neue Gestaltungsmöglichkeiten eröffnet.
- Einige Perlen aus dem Schatz der Ökumene können das große Lobgebet erweitern.
- Von der Maximal- bis zur Minimalform werden konkrete Gestaltungsvorschläge gemacht.

Achtung

- Es gibt unterschiedliche Textvarianten der Einsetzungsworte (vgl. GB S. 28). In einer Gemeinde sollten immer dieselben Einsetzungsworte verwendet werden.
- Die ausgesuchten Gebetstypen sollten der jeweiligen Gemeindepraxis der Feier des Abendmahls entsprechen.
- Die Abendmahlsgebete spiegeln theologische Grundentscheidungen wider.

Lesehinweis: GB S. 27f., 633

C 5 Vaterunser

Die Ausgangslage

Das Vaterunser ist das Grundgebet der Getauften. Den Worten, die Jesus seinen Jüngern als Beispielgebet gegeben hatte (vgl. Mt 6,9–13 und Lk 11,2–4) wurde noch ein Lobpreis zugefügt: »denn dein ist das Reich und die Kraft und die Herrlichkeit, in Ewigkeit«. Im Gottesdienst wurde es seit alter Zeit zumeist als Vorbereitungsgebet für das Abendmahl oder als Abschluss der lobpreisenden und der das Heilsgeschehen erinnernden Abendmahlsgebete durch den Liturgen gesprochen. Es ist eine neuere Entwicklung, die eng mit dem Kirchenkampf im Dritten Reich verbunden ist, dass es jetzt zumeist von der gesamten Gemeinde gesprochen oder gesungen wird.

Das Vaterunser ist ein Kernstück des Evangelischen Gottesdienstes, das in keinem Gottesdienst fehlen darf. Manchmal scheint es, dass dieser Text als besonders heilig empfunden wird und eine höhere Erhörungsgewissheit mit sich bringt. Wird eine besondere Handlung in den Sonntagsgottesdienst gelegt (z.B. eine Amtseinführung), so wird das Vaterunser sogar doppelt gebetet, da es ganz offensichtlich an zentralen Stellen nicht fehlen darf. Diese Hochschätzung wird weiterhin daran ersichtlich, dass in den vergangenen vierzig Jahren sehr viele Vaterunserlieder entstanden sind, die sich zumeist genau an den Text halten. Auch Übertragungen in Mundart gibt es in den meisten Regionen, um die Worte auch in der vertrauten Sprache sprechen zu können.

Diesem Gebrauch und dieser Einschätzung als »heiligem« Text steht aber auch das Problem gegenüber, dass das Vaterunser an vielen Stellen nicht ohne weiteres verständlich ist. Deshalb sind sehr viele Vaterunserparaphrasen entstanden, dazu Erläuterungen und Auslegungen der verschiedensten Art. Oft werden auch nach jeder einzelnen Bitte des Vaterunsers aktualisierende Fürbitten eingefügt. Dem reformatorischen Anliegen, die einzelnen Bitten des Vaterunsers zu erläutern, wird so auf vielfältige Weise Rechnung getragen.

Im Rahmen der ökumenischen Diskussionen über den Abendmahlsteil geht es auch immer wieder um die Stellung des Vaterunsers. Dabei zeigt sich die Tendenz, das Vaterunser *nach* den Einsetzungsworten am Ende des großen Lobgebets zu sprechen. Während das Vaterunser als Abschluss der Fürbitten in der Regel von der gesamten Gemeinde mit gebetet oder gesungen wird, singt oder spricht es in manchen Regionen die Liturgin oder der Liturg allein. Die Gemeinde antwortet dann mit dem Lobpreis »denn dein ist das Reich und die Kraft und die Herrlichkeit, in Ewigkeit. Amen«.

»Als gottesdienstliches Gemeindegebet eingesetzt, hat das Vaterunser viel von seinem ursprünglichen Sinn verloren. Diesem Verlust steht jedoch ein Gewinn gegenüber: Das Gebet galt schon früh als eine kurze Zusammenfassung des christlichen Glaubens oder, in den Worten Cyprians, als ›Kompendium der himmlischen Lehre‹ (caelestis doctrinae compendium) […] Das Vaterunser galt als Zusammenfassung der neutestamentlichen Botschaft in derselben Weise, wie die Zehn Gebote das Alte Testament verkörpern: ein kurzer, leicht zu behaltender Text, der … die Grundgedanken eines komplexen Traditions- und Lehrbestandes wiedergab.« (Bernhard Lang).

Die Entscheidung des Gottesdienstbuches

Obwohl die Praxis in den meisten evangelischen Gottesdiensten eine andere ist, ist der bevorzugte Ort für das Vaterunser in beiden Grundformen am Ende des großen Lobgebetes, unabhängig davon, wie dieses ausgestaltet ist. Damit werden Grundentscheidungen der Liturgiereformen des 19. und der 50er Jahre des 20. Jahrhunderts fortgeschrieben und die ökumenische Konvergenz zur römisch-katholischen Kirche erweitert.

Da im Abendmahlsteil die verschiedenen reformatorischen Traditionen aufgenommen sind, gibt es auch die Möglichkeit, das Vaterunser als Vorbereitungs- oder Tischgebet vor die Einsetzungsworte zu ziehen.

Für den Fall, dass kein Abendmahl gefeiert wird, ist das Vaterunser in beiden Grundformen als Abschluss des Fürbittengebets vorgesehen.

Auffällig ist auch, dass Hinweise auf Ausgestaltungen des Vaterunsers in neuerer Form fehlen. Der einzige über die Verortung hinausgehende Gestaltungshinweis bezieht sich auf eine das Beten begleitende Gebärde. Während des Gebets können sich die Betenden die Hände geben oder diese emporheben (vgl. GB S. 217). Zudem sind verschiedene einleitende Worte abgedruckt (vgl. GB S. 232, 235).

Aufpassen sollte man bei dem Gottesdienst mit reicheren Interaktionsformen, dass man den Vorschlag nicht so versteht, dass das Vaterunser in einem Gottesdienst zweimal gebetet wird (vgl. GB S. 232/235). Das will das Gottesdienstbuch nicht.

Die Gestaltungsmöglichkeiten

Abschluss des großen Lobgebets

Sowohl in Grundform I als auch in Grundform II ist der Regelort für das Vaterunser der Abschluss des Großen Lobgebetes. Dabei folgt das Vaterunser in Grundform I auf das zweite Abendmahlsgebet, in Grundform II direkt auf die Einsetzungsworte.

Vor den Einsetzungsworten

Das Vaterunser kann im Abendmahlsteil nach Grundform I auch vor den Einsetzungsworten stehen. Dabei kann es als auf das Abendmahl vorbereitendes Gebet verstanden werden. Die vierte Bitte des Vaterunsers »unser tägliches Brot gib uns heute« wird dann unmittelbar auf das Abendmahl bezogen. Das Vaterunser erhält so in reformatorischer – ähnlich wie in ostkirchlicher Tradition – die Funktion eines Tischgebets.

Abschluss der Fürbitten

In beiden Grundformen ist das Vaterunser als zusammenfassender Abschluss des fürbittenden Gemeindegebets im Sendungsteil vorgesehen (vgl. GB S. 48, 57), sofern kein Abendmahl gefeiert wurde. Bei Gottesdiensten, in denen frei gebetet wird, kann das Vaterunser diese Gebetsphase beenden (vgl. GB S. 159). Wird das Fürbitten-

»Seinem Charakter nach eignet sich das Vaterunser als Abschluss des Allgemeinen Kirchengebets … Werden die Fürbitten in das Eucharistiegebet integriert, ergibt sich von selbst seine Stellung nach den Einsetzungsworten« (Kurt Molitor).

»Entscheidend ist, dass die Stellung des Herrengebets die Dramaturgie des gesamten sakramentalen Geschehens beeinflusst. In der Tradition ist es immer als eine ›Zusammenfassung des vorausgehenden Eucharistiegebetes‹ verstanden worden – die innere Präparation der Gemeinde findet hier ihren Abschluss. Wird es nach den Einsetzungsworten laut, trennt es den Abendmahlsempfang vom Stiftungsakt, der dadurch in eine gewisse zeitliche Abständigkeit gerät. Wird es den Einsetzungsworten vorgeordnet, bilden Einsetzung und Empfang ein einheitliches Geschehen, das im Ablauf der Handlung die heilstiftende Vergangenheit wie die Leben gewährende Gegenwart umgreift.« (Manfred Josuttis, J. A. Jungmann).

»Die Betenden befinden sich ›zwischen den Zeiten‹. Sie haben die Heiligkeit der göttlichen Atmosphäre mit allen himmlischen Mächten besungen. Sie sind ganz in der Nähe der göttlichen Majestät. Und versichern dem Vater im Himmel, dass sein heiliger Name unangetastet bleibt, dass alles Folgende seinem Willen gemäß ablaufen soll und dass jener himmlische Machtbereich, in dem sie sich jetzt befinden, sich über die ganze Erde ausdehnen soll.« (Manfred Josuttis).

gebet aber im Rahmen eines Gottesdienstes mit Feier des Heiligen Abendmahls im Verkündigungsteil vorgesehen, so wird es in den vorgegebenen Ordnungen nicht mit dem Vaterunser abgeschlossen, da sich sonst das Vaterunser im Abendmahlsteil wiederholen würde.

Chancen

- Das Vaterunser kann auch gesungen werden.
- Es kann an verschiedener Stelle in den Gottesdienstablauf eingefügt werden.
- Aktualisierungen und Paraphrasen sind möglich.

Achtung

- Das Vaterunser wird grundsätzlich nur einmal in einem Gottesdienst gebetet.
- Wenn Abendmahl gefeiert wird, wird das Vaterunser im Abendmahlsteil gesprochen.
- Wenn die Liturgin bzw. der Liturg das Vaterunser alleine singt oder spricht, antwortet die Gemeinde mit dem Lobpreis (»denn dein ist das Reich ...«).
- Das Vaterunser soll durch eine Aufforderung zum gemeinsamen Beten eingeleitet werden, damit die Gemeinde das »Vater unser« bereits mitsprechen kann.

Lesehinweis: GB S. 25, 47

C 6 Friedensgruß

Die Ausgangslage

Traditionell spielte der Friedensgruß im evangelischen Gottesdienst eine eher untergeordnete Rolle, und sein Gebrauch war auf Formeln beschränkt. Spätestens seit der Friedensbewegung in den 70er-Jahren des 20. Jahrhunderts erfolgte ein Betonung der Bitte, des Zuspruchs bzw. Wunsches für Frieden. Zu den verschiedenen Neuformulierungen und Ausformungen kam vor allem die Aktion. Es sollte verdeutlicht werden, dass sich die Kommunikation mit Gott nicht von der mit den Mitmenschen trennen lasse. So kam es in verschiedensten Formen zur Aufforderung, sich gegenseitig Frieden zuzusprechen, und zu unterschiedlichen Weisen, dies zu gestalten. Ihren Ort fand die Aktion in der Regel im Abendmahlsteil, zumeist vor der Austeilung. Dabei standen verschiedene Deutungen dieses Aktes im Hintergrund, die auch hier dazu führten, dass der Friedensgruß an verschiedener Stelle in den Gottesdienstablauf eingefügt worden ist.

Weit verbreitet ist die Anschauung, dass es sich hier um einen Vorbereitungsakt auf das Abendmahl handelt. Der Anweisung der Bergpredigt folgend: »... gehe zuvor hin und versöhne dich mit deinem Bruder und alsdann komm und opfere deine Gabe« (Mt 5,24), steht dabei die Versöhnung mit den Nächsten im Vordergrund, die vor dem Empfang der Abendmahlsgaben erfolgen soll. Andere verstehen den Friedensgruß als Segenswunsch. Durch gegenseitiges Zusprechen konkretisiere sich ein Bedeutungsspektrum von Segen. Eine dritte Deutung legt den Akzent auf den wechselseitigen Zuspruch der Verheißung, dass die Versammelten im Empfang von Brot und Wein in den Leib Christi hineingenommen werden. Wie stark dann auch die theologische Einordnung des Friedensgrußes seine Stellung im Gottesdienst bestimmt, sei an einem Beispiel verdeutlicht: Manche praktizieren den Austausch des Friedensgrußes erst nach dem Empfang von Brot und Wein, da erst nach dem Empfang der Gaben Versöhnung konkret werden könne. Zur Entlassung »Geht hin im Frieden des Herrn« werden dann die an der Kommunion Teilnehmenden aufgefordert, einander die Hände zu reichen.

Diese Ausgestaltungen des Friedensgrußes im Abendmahlsteil haben allerdings auch sehr viel Kritik hervorgerufen. So wird beispielsweise die Anschauung, dass der Friedensgruß der Vorbereitung auf das Abendmahl diene, stark infrage gestellt. Die symbolische Versöhnung mit zum Teil völlig unbekannten Menschen gehe am Sinn des Versöhnungsauftrags vollständig vorbei. Die Versöh-

Der Friedensgruß (die Pax) hat seine Wurzeln im neutestamentlichen Heiligen Kuss als sichtbarem Zeichen geschwisterlicher Liebe und Gemeinschaft. Im evangelischen Gottesdienst ist er entweder als Zuruf oder als Friedenswunsch (»Der Friede des Herrn sei mit euch« oder ähnliche Formeln) in Verwendung. Die Gemeinde antwortet darauf mit »Amen«, »und mit deinem Geist«, »Friede sei mit dir« oder einer anderen in der Gemeinde üblichen Weise. In neuerer Zeit wird dem Friedensgruß eine Aufforderung zur Aktion angefügt: »Gebt einander ein Zeichen des Friedens und der Versöhnung«. Die Anwesenden reichen sich dann die Hand oder umarmen sich.

»Liturgie, die die religiöse Kommunikation von der mitmenschlichen ablöst oder trennt – oder gar abwertend die eine über die andere stellt –, trägt zum Verfall der Spiritualität bei.« (Friedrich Karl Barth).

Es gibt die »Sitte, nach der Kommunion ›einander die Hände zu reichen als Zeichen des Friedens und der Verbundenheit miteinander‹. Abgesehen davon, daß diese Sitte etwas Peinliches hat, weil man sich praktisch nicht dagegen wehren kann, beruht dies auf einem Missverständnis« (Michael Meyer-Blanck).

nung mit Menschen, mit denen man im Unfrieden lebt, gelte es bereits *vor* dem Gottesdienst anzugehen.

Es gibt auch die Auffassung, dass der Austausch des Friedensgrußes und -zeichens auch im Gottesdienst ohne Abendmahl ausgeübt werden sollte. Hier ist die Aktion dann nach dem Vaterunser vorgesehen. Zum Teil wird dieser Akt dann sogar als Abendmahlsersatz angesehen.

Neben dieser Hochschätzung des Austausches von Zeichen des Friedens ist allerdings auch eine massive Distanz vieler Gemeindeglieder zum so ausgestalteten Friedensgruß zu beobachten. Viele empfinden die angeordnete Begegnung und Berührung als unangenehm und peinlich. Im Extremfall kann dieser Akt sogar als Zwangshandlung erlebt werden, wenn die Gemeinde aufgefordert wird, aufzustehen und anderen den Frieden zuzusprechen und sich die Gottesdienstbesucherinnen und –besucher dieser Handlung nicht entziehen können, obwohl sie daran gar nicht teilnehmen wollen. Zum Teil hat das auch zum Verzicht auf den Abendmahlsgottesdienst geführt. Man wird hier also sehr sensibel agieren müssen.

Die Entscheidung des Gottesdienstbuches

Der vom Liturgen/der Liturgin zugesprochene Friedensgruß gehört zu den Elementen, die mehrfach im Gottesdienst vorgesehen sind, in der Regel drei bis vier Mal. Das Gottesdienstbuch trägt somit den jüngsten Entwicklungen Rechnung. Dabei hängt die Häufigkeit dieses Grußes von den aufgenommenen Gottesdiensttraditionen sowie vom Gottesdienstverlauf ab. Folgende fünf Orte innerhalb des Gottesdienstverlaufes werden als möglich erachtet:
- der Gruß am Anfang des Gottesdienstes,
- der Präfationsdialog,
- die Stelle zwischen Vaterunser und Lamm Gottes (Agnus Dei),
- das Ende der Austeilung
- sowie der Segen.

Für die Aktion des gegenseitigen Friedenswunsches ist jedoch nur das Ende des großen Lobgebets vorgesehen. Im Gottesdienst ohne Abendmahl findet nach dem Vaterunser keine solche Interaktion statt.

Die vorgeschlagenen Formulierungen sind zumeist liturgisch gebunden und auch zum Singen eingerichtet. Vorschläge zur Gestaltung des Friedensgrußes in offener Form sind selten, aber vorhanden (vgl. GB S. 229). Sehr variabel sind auch die Antworten der Gemeinde auf den Friedensgruß der Liturgin bzw. des Liturgen. Bevorzugt wird allerdings mit Ausnahme der Formulierung beim

Schlusssegen die Gemeindeantwort »Friede sei mit dir« (GB S. 82, 118, 144).

Die Gestaltungsmöglichkeiten

In der Eröffnung

Der Friedensgruß ist einer der möglichen Grüße zu Beginn des Gottesdienstes, allerdings mit der Einschränkung, dass in diesem Gottesdienst dann kein Abendmahl gefeiert wird (vgl. GB S. 64 und 136f.). Auf das Wort »Der Friede des Herrn sei mit euch« antwortet die Gemeinde: »Friede sei mit dir«. In der zum Singen eingerichteten Version von Grundform I ist der Friedensgruß an dieser Stelle nicht vorgesehen.

Als Eröffnung des Abendmahlsteils

In der zweiten Abendmahlsform der Grundform I ist der Friedensgruß Bestandteil des Präfationsdialogs. Die Gemeinde antwortet auf das »Friede sei mit euch« mit »Und mit deinem Geiste« (GB S. 121). Ein gegenseitiger Austausch des Friedensgrußes würde den Fluss des Präfationsdialogs stören und wird deshalb nicht vorgeschlagen.

Auch für den Fall, dass Brot und Wein jeweils direkt nach den jeweiligen Stiftungsworten empfangen werden, sieht das Gottesdienstbuch vor, dass dann der Abendmahlsteil mit dem Friedensgruß begonnen wird (vgl. GB S. 47).

»... es ist schließlich doch die wertvollste und sauberste Lösung, mit dem Verständnis des Friedensgrußes dort einzusetzen, wo er seine Wurzeln hat: Beim neutestamentlichen Heiligen Kuß als einem sichtbaren Zeichen der brüderlichen Liebe und Gemeinschaft. Dann wäre er nicht zu verstehen als ein allgemeiner Segenswunsch, auch nicht als Vorbereitung zum Empfang der Elemente, sondern als ein (gegenseitiges!) Zusprechen der Glaubenswirklichkeit, daß die um das Altarsakrament versammelte Gemeinde in Christus ein Geist und ein Leib ist. Auch wenn der Kuß nicht getauscht wird, kann es sich die Gemeinde doch wenigstens noch mit Worten zusagen und versichern.« (Kurt Frör).

Vor der Austeilung

In Grundform II wird der Friedensgruß nach der Einladung zum Abendmahl gesprochen. In Grundform I ist der Friedensgruß nur in der ersten Form vorgesehen. Er steht nach dem Vaterunser, bevor das Lamm Gottes (Agnus Dei) gesungen wird. In beiden Grundformen kann die Gemeinde nach dem Gruß zu einer »Friedensbezeugung in Wort und Geste« (GB S. 82, 144) aufgefordert werden.

Nach der Austeilung

Bei den Hinweisen zur freien Gestaltung innerhalb der Gottesdienststruktur wird auf die Möglichkeit hingewiesen, nach dem Empfang der Abendmahlsgaben die um den Altar versammelte Gruppe aufzufordern, einander die Hände zu reichen und einen Kreis um den Altar zu bilden. Dadurch werde die »Gemeinschaft stiftende Bedeutung des Abendmahls« (GB S. 206) besonders herausgestrichen. Erst nach dem »Gehet hin im Frieden des Herrn« werden die ergriffenen Hände wieder losgelassen.

»In der Ostkirche steht der Friedensgruß *vor Lobpreis und Einsetzung (im Zusammenhang der Gabenbereitung), in der römischen Messe steht er wie in der E[rneuerten] A[gende] unmittelbar vor der Austeilung. Manchmal wird kritisiert, man könne sich doch eigentlich erst* nach *dem Empfang des Abendmahls versöhnen. Nur als Frucht der Vergebung Gottes sei der Frieden unter den Menschen möglich. [...] Der Friedensgruß* vor *der Kommunion entspricht der Anweisung der Bergpredigt: ›Geh zuerst hin und versöhne dich mit deinem Bruder und dann komm und opfere deine Gabe‹ (Mt 5,24)« (Michael Meyer-Blanck).*

In der Sendung

In beiden Grundformen wird der Segen mit dem Wunsch »Gehet hin im Frieden [des Herrn]« eingeleitet. Während in Grundform II der Segenszuspruch unmittelbar folgt, ist in Grundform I erst noch eine Gemeindeantwort vorgesehen (»Gott sei Lob und Dank« oder »Gott sei ewig Dank«). In der mit Melodien unterlegten Version ist nur das auch in der katholischen Kirche gebräuchliche »Gott sei Lob und Dank« zum Singen eingerichtet (vgl. GB S. 85, 131).

Chancen

- Es werden viele sinnvolle Orte für den Friedensgruß aufgewiesen.
- In entsprechenden Situationen kann der Friedensgruß gegenseitig ausgetauscht werden. Dies kann durch eine Geste der Gemeinschaft unterstrichen werden.

Achtung

- Wenn die Austeilung unmittelbar auf die Einsetzungsworte folgt, wird der Abendmahlsteil mit dem Friedensgruß eröffnet.
- Der Friedensgruß soll nur dann zu Beginn des Gottesdienstes gesprochen werden, wenn kein Abendmahl gefeiert wird.
- Wird zum Austausch des Friedensgrußes aufgefordert, so muss eindeutig sein, in welcher Form dies geschehen soll.
- Das gegenseitige Austauschen des Friedensgrußes kann als peinlich empfunden bzw. als Zwangshandlung verstanden werden.
- Wenn die Austeilung von Brot und Wein unmittelbar auf die Einsetzungsworte folgen sollen, eröffnet der Friedensgruß den Abendmahlsteil.
- Es muss dafür gesorgt werden, dass die Gemeinde weiß, wie sie auf den jeweiligen Friedensgruß antworten soll.

Lesehinweis: GB S. 47, 55

C 7 Gesänge/Musik zum Abendmahl

Die Ausgangslage

Eine große Bandbreite von Möglichkeiten an musikalischer Gestaltung bietet der Abendmahlsteil. Dabei ist das Spektrum zwischen geprägter, traditioneller und offener, neuer Musik fast unüberschaubar. Bedeutsam für die Gestaltungsmöglichkeit ist auch jeweils die gewählte Gottesdienstform.

In liturgisch geprägten Gottesdiensten ist der Abendmahlsteil derjenige Teil im Gottesdienst, in dem am meisten gesungen wird. Singt die Liturgin bzw. der Liturg die Abendmahlsliturgie, so bleiben für die Gemeinde die Antworten bei den Wechselgesängen, die geprägten Gesänge des Dreimalheilig (Sanctus), des Lamm Gottes (Agnus Dei) und des Vaterunsers, die verschiedenen variablen Choräle und die neu hinzugekommenen Akklamationen (»Deinen Tod, o Herr, verkünden wir ...«). In diesem Bereich gab und gibt es große Anstrengungen, die Rezitationstöne so einzurichten, dass – neuen Erkenntnissen der Gregorianik entsprechend – die Worte durch den Gesang noch besser zur Geltung kommen. Für das Dreimalheilig und das Lamm Gottes werden mehrere Melodien vorgeschlagen. Zudem gibt es eine große Anzahl von neuen Abendmahlsliedern.

Im liturgisch gestalteten Gottesdienst in der Tradition der Messe fließen derzeit verschiedene theologische Konzeptionen ineinander. Im einen dominiert eine Auffassung, in der die heilsame Gabe des Abendmahls für den sündigen Menschen im Vordergrund steht, im anderen der Lobpreis für die Heilstaten Gottes. So führt beispielsweise das Singen des Lamm Gottes zur Betonung des Opfergedankens oder das Einstimmen der Gemeinde in den »Chor der Engel« im Dreimalheilig zur Betonung der über Raum und Zeit hinausweisenden Dimension des Gottesdienstes.

Wird der liturgisch gestaltete Gottesdienst von den einen als besonders festlich und der »heiligen Handlung« angemessen empfunden, so wird von anderen die mangelnde Fröhlichkeit und Zeitgemäßheit dieser Form beklagt. Dem entsprechend sind freiere Gottesdienstformen im Abendmahlsteil auch sehr viel stärker durch Lob- und Danklieder geprägt. Letzterem korrespondiert auch der Einsatz von einer Vielzahl von Musikinstrumenten, die in der Regel von Laien gespielt werden können und nicht im Raum der Kirche entstandene Melodien in den Gottesdienst integrieren. An die Stelle von Chorälen und geprägten liturgischen Gesängen treten hier oft Kanons und Singsprüche. Die theologische Betonung der gemeinschaftsstiftenden Wirkung des Abendmahls findet so auch einen musikalischen Ausdruck.

Der Abendmahlsteil ist reich an Gesängen und musikalischen Gestaltungsmöglichkeiten. Gottesdienstformen, die in der Messtradition stehen, haben einen großen Kanon an Gesängen. Oft wird die gesamte Liturgie gesungen, in welche die Gemeinde immer wieder einstimmt. Feststehende Stücke sind das Dreimalheilig (Sanctus) und das Lamm Gottes (Agnus Dei). Mögliche Orte für Gemeindegesänge sind die Sammlung des Dankopfers, die Gabenbereitung, das Vaterunser, die Austeilung sowie nach dem Dankgebet.
Besonders in der Zeit der Austeilung kann auch Chorgesang, Orgel- oder andere Instrumentalmusik oder die Aufführung von kirchenmusikalischen Werken stattfinden.

Gottesdienste, die keine gesungene Liturgie enthalten, sind offener für unterschiedliche Stilrichtungen. Moderne und neuere Lieder sowie nicht orgelgebundene Instrumentalmusik finden hier öfters Eingang. Zentraler Ort für die Entfaltung verschiedenster musikalischer Elemente ist dabei die Zeit während der Austeilung von Brot und Wein.

Die Entscheidung des Gottesdienstbuches

Das musikalische Programm des Gottesdienstbuches ist in Ansätzen zu erkennen. Im Ergänzungsband sollen hier noch weitere Ausführungen und Musikbeispiele folgen. Fest steht, dass in Grundform I dem liturgischen Gesang sowohl in der ersten wie in der zweiten Form des Abendmahls Betonung gegeben wird und dass die Musik in diesem Teil besonders festlich sein soll.

»Der Gesang der Gemeinde während der Austeilung des Abendmahls gehört sicher zu den ältesten Bestandteilen des Gottesdienstes. Alle altkirchlichen Liturgien der ersten Jahrhunderte erwähnen hier als den Abendmahlspsalm Ps. 34 – besonders dessen V. 8 ›Schmecket und sehet, wie freundlich der Herr ist‹.« *(Joachim Beckmann).*

Nach Grundform I sind in jedem Fall zwei feststehende liturgische Gesänge vorgesehen, nämlich das Dreimalheilig und das Lamm Gottes (so auch in der gekürzten Form, vgl. GB S. 162). Dazu können die Wechselgesänge beim Präfationsdialog und beim Christuslob kommen, das liturgische Singen der Abendmahlsgebete, des Vaterunsers und der Einsetzungsworte. Orte für Abendmahlsgesänge sind die Vorbereitung und die Austeilung. Chöre können sowohl das Dreimalheilig, das Lamm Gottes und ebenfalls die Austeilung begleiten. Zur Austeilung wird zudem die Möglichkeit von Orgel- und anderer Instrumentalmusik ausdrücklich erwähnt.

Da die Hinweise zur musikalischen Gestaltung im Gottesdienstbuch sehr knapp gehalten sind, ist es nützlich, die Ausführungen zum Lamm Gottes zu lesen, da dort beispielhaft aufgezeigt wird, wie und wann alternative Gesänge und Choralstrophen dazu eingesetzt werden können (vgl. GB S. 30f.).

»Auch mit ihrer Musik feiert die Gemeinde Christi Gegenwart in ihrer Mitte« (Richard Lah).

In Grundform II beschränken sich die Vorschläge zur musikalischen Ausgestaltung des Abendmahlsteils weitgehend auf die Gestaltung der Austeilung. Dazu werden allerdings noch mehr Anregungen und Hinweise zur musikalischen Ausgestaltung gegeben als in Grundform I. Sie gehen bis zur Aufführung eines größeren kirchenmusikalischen Werks. Soll ein Danklied gesungen werden, kann dies als Abschluss der Austeilung oder nach dem Dankgebet geschehen.

Hat man im Bereich der liturgischen Ausführungen der Grundformen den Eindruck, als ob die traditionelle musikalische Gestaltung im Vordergrund steht, so wird bei den Gottesdiensten in freieren Formen doch deutlich, dass alte und neue Stilformen auch im musikalischen Bereich gleichberechtigt nebeneinander stehen sollen.

Die Gestaltungsmöglichkeiten

Gesang zur Sammlung des Dankopfers bzw. zur Vorbereitung
Während das Dankopfer eingesammelt wird, kann ein Lied gesungen werden, ein Chor singen oder Instrumentalmusik erklingen. Als Gesang empfehlen sich Dankopferlieder oder eine weitere Strophe des Predigtlieds.

Für den Fall, dass die Bereitstellung von Brot und Wein für das Abendmahl nicht unmittelbar auf die Sammlung der Kollekte folgt, können zur Vorbereitung eine Liedstrophe oder ein Lied gesungen werden. Sehr häufig wird EG 220 gesungen, andere Lieder zur Vorbereitung sind EG 213, 221, 223, 224, 226–229.

»In der Feier des Abendmahles hat auch die Opfertheologie ihren festen Platz, indem Christus als ›Lamm Gottes‹, das die Sünden der Welt wegträgt, angebetet und ein neuer Bund ›in seinem Blut‹ ausgerufen wird. Ich weiß, daß das alles biblische Grundlagen hat. Es macht aber mein Herz nicht warm.« (Christoph v. Lowtzow).

Liturgische Gesänge
Die Zahl der Stücke, die vom der Liturgin bzw. dem Liturgen gesungen werden können, ist im Abendmahlsteil nach Grundform I besonders groß (vgl. GB S. 110–129). Es sind der Präfationsdialog, das Lobgebet, die beiden Abendmahlsgebete, die Einsetzungsworte, das Vaterunser, der Friedensgruß und das Dankgebet. Das Christuslob sollte vom Kantor bzw. der Kantorin angestimmt werden (vgl. GB S. 115). Sowohl der ersten wie der zweiten Form der zum Singen eingerichteten Versionen der Abendmahlsteils von Grundform I liegt dieselbe Notengebung zugrunde. Diese unterscheidet sich an vielen Punkten von den bis jetzt in den verschiedenen Regionen gebräuchlichen Melodien. Die mancherorts übliche Form eines Wechsels von durch die Liturgin bzw. den Liturgen gesungenen und gesprochenen Stücken wird im Gottesdienstbuch nicht aufgegriffen, da sie dem Grundsatz widerspricht, Sing- oder Sprechform innerhalb eines liturgischen Aktes beizubehalten.

Der Sinn des Kommunionsgesangs »besteht darin, die geistliche Gemeinschaft der Kommunizierenden in gemeinsamen Singen zum Ausdruck zu bringen, die Herzensfreude zu zeigen und die brüderliche Verbundenheit ... zu vertiefen.« (Römisches Messbuch).

Dreimalheilig (Sanctus)
Das Lobgebet (Präfation) mündet in den von der Gemeinde gesungenen Lobpreis des Dreimalheilig. Er ist aus Jes. 6, 3 (»Heilig, heilig, heilig ist der Herr Zebaoth, Alle Lande sind seiner Ehre voll«) und Mt 21, 9 bzw. Ps 118, 26 (»Gelobt sei, der da kommt im Namen des Herrn«) zusammengesetzt. Etwas blumig wird er im Gottesdienstbuch beschrieben: »In diesem Gesang sind Himmel und Erde, Menschen und Engel und alles, was eine Stimme hat und tönen kann, zum universalen Gotteslob vereint« (GB S. 30). Zur Ausführung wird auf die in Evangelischen Gesangbuch (EG 185) zusammengestellten Vertonungen verwiesen.

Bitte um den Heiligen Geist
Bei dem Feierabendmahl wird darauf hingewiesen, dass die Gabe des Heiligen Geistes nicht nur im Abendmahlsgebet erbeten wer-

den kann, sondern auch gemeinsam mit einem Pfingstlied oder einem Anrufungsgesang (vgl. GB S. 217).

Vaterunser

Singt die Liturgin bzw. der Liturg das Vaterunser, dann antwortet die Gemeinde mit dem Lobpreis (»denn dein ist das Reich ...«). Das Vaterunser kann aber auch – der jeweiligen Gottesdienstgestaltung angemessen – gemeinsam gesungen werden (z. B. EG 186–188).

Lamm Gottes (Agnus Dei)

Das Lamm Gottes ist als Gemeindegesang unmittelbar vor oder zu Beginn der Austeilung von Brot und Wein vorgesehen. Auch auf den alten Brauch, das Brot während des Singens dieses auf Johannes 1, 29 basierenden Abendmahlsgesangs zu brechen, wird hingewiesen. Beispielhaft wird anhand des ›Lamm Gottes‹ im Gottesdienstbuch aufgezeigt, dass ein liturgisch fest geprägter Gesang themen- oder kirchenjahreszeitlich orientiert durch andere Gesänge ersetzt werden kann. So wird beispielsweise für den Advent vorgeschlagen, anstelle des Lamm Gottes »Komm, o mein Heiland Jesus Christ« (EG 1, 5) zu singen (vgl. GB S. 31).

»Während das hl. Abendmahl ausgeteilt wird, singen wir eines unserer Abendmahlslieder, *in denen das die ganze Eucharistie-Feier begleitende Element der Rühmung lebendig wird, das man in ›protestantischen‹ Gottesdiensten so oft vermisst. ... an dieser Stelle hat ›die heilige Musik‹ Raum und Zeit, sich zu entfalten.« (Otto Dietz).*

Gesänge und Musik während der Austeilung

Die musikalischen Möglichkeiten während der Austeilung sind besonders reichhaltig. In beiden Grundformen werden sie herausgestrichen. An erster Stelle wird der Gemeindegesang genannt. Neben den Abendmahlsliedern eignen sich Psalmlieder, der Kirchenjahreszeit entsprechende Gesänge (De-tempore-Lieder) und Danklieder. Hier ist zudem Raum für Chor-, Orgel oder Instrumentalmusik. Im Gottesdienstbuch ist hierzu nichts weiter ausgeführt. Entsprechendes soll erst im dazugehörigen Werkbuch bzw. dem musikalischen Ergänzungsband angeboten werden.

Möglich ist auch, »ein größeres kirchenmusikalisches Werk oder einen Teil desselben« (GB S. 55) aufzuführen.

Danklied

Danklieder eignen sich auch als Gesänge zur Austeilung. Sinnvoll ist es, die Austeilung damit zu beenden (vgl. GB S. 232). In beiden Grundformen wird alternativ das Singen eines Dankliedes nach dem Dankgebet für »angebracht« gehalten (GB S. 47).

Chancen

- Die Phase der Austeilung bietet Raum für reichliche und variable musikalische Ausgestaltung.
- Das Lamm Gottes (Agnus Dei) kann zu bestimmten Kirchenjahreszeiten und situationsbezogen durch andere Gesänge ersetzt werden.

- Das Sanctus kann nicht nur in der Version gesungen werden, die in der jeweiligen Gemeinde üblich ist.
- In Grundform I kann während des ›Lamm Gottes‹ das Brot gebrochen und die Austeilung begonnen werden.
- Ein Danklied kann als Abschluss der Austeilung oder nach dem Dankgebet gesungen werden.
- Findet eine Gabenprozession statt, so können dazu die Lieder zur Gabenbereitung gesungen werden.

Achtung

- Eine allzu große Häufung der Gesänge ist zu vermeiden.
- Der Verwendung von anderen als in der Gemeinde bekannten Melodien im Abendmahlsteil sollte eine Einübung mit guter Singleitung vorausgehen.

Lesehinweis: GB S. 30f., 46f., 55f.

C 8 Austeilung

Die Ausgangslage

Mit der Austeilung (der Kommunion) von Brot und Wein ist der Zielpunkt der Abendmahlsfeier erreicht. Im Lauf der Geschichte haben sich verschiedenste Formen der Austeilung herausgebildet. Im evangelischen Bereich ist dabei die Austeilung von Brot und Wein an die vor bzw. um den Altar Versammelten die gebräuchlichste Austeilungsart. Im katholischen Raum ist es die Wandelkommunion. Bei den Empfangenden gibt es während der Austeilung die unterschiedlichsten Haltungen (Knien, Stehen, Sitzen). Die Austeilung beginnt in der Regel mit einer Einladung (»Kommt herzu, denn es ist alles bereit. Schmeckt und seht, wie freundlich der Herr ist ...«), Brot und Wein werden jeweils mit einer Spendeformel gereicht (z.B. »Christi Leib – für dich gegeben« und »Christi Blut – für dich vergossen«) und sie endet mit einem gemeinsamen Wort an die Teilnehmen (z.B. »Geht hin im Frieden«).

Die Formen der Austeilung ergeben durch konfessionelle und lokale Prägungen ein sehr vielfältiges Bild. Dabei finden sich traditionelle neben neuen Formen. Beispielsweise knien in der einen Gemeinde die Feiernden, jeweils nach Geschlechtern getrennt, am Altar, um Brot und Wein zu empfangen. In der anderen Gemeinde stehen die Kommunizierenden zusammen mit Kindern im Kreis und spenden einander Brot und Wein.

Im evangelischen Bereich sind die meisten Formen des Abendmahlsempfangs damit verbunden, dass die Feiernden aus ihren Bänken heraustreten und nach vorne zum Altar kommen. Dort knien oder stehen sie vor dem Altar oder, wo dies vom Räumlichen her möglich ist, im Kreis oder Halbkreis. Die Kommunion in den Bänken ist selten. Vor allem im südwestdeutschen Raum ist auch eine Form der Wandelkommunion üblich. Beispielsweise treten die Kommunikantinnen und Kommunikanten an die Brotseite, wo sie das Brot empfangen und sich verneigen. Dann gehen sie um den Altar auf die Kelchseite, um dort den Wein zu empfangen. Daneben existieren eine ganze Reihe von anderen Gestaltungstraditionen.

Gegenüber diesen traditionellen Formen gab es in den letzten Jahrzehnten vielfältige Versuche, die Austeilung aus ihrer Formelhaftigkeit und ihrer ausschließlichen Fixierung auf die Begegnung zwischen Gott und Mensch herauszuholen. Hier wurde die Gemeinschaft stiftende Dimension des Abendmahls herausgestrichen. Formen der Kommunikation untereinander wie beispielsweise, bei der Entlassung vom Abendmahlstisch einander die Hände zu reichen, wurden in die Austeilung integriert. Besonders reichhaltig waren dabei die Gemeinschaftserfahrungen bei Feiern mit geringer Teilnehmendenzahl wie beim Feierabendmahl oder beim Tischabendmahl.

Besonders problematisiert wird seit längerem der Gemeinschaftskelch. Es sind hygienische Befürchtungen, die in manchen Gemeinden dazu geführt haben, den Wein in Einzelkelchen auszuteilen. Dem wird allerdings entgegengehalten, dass bei Verwendung von vergoldeten oder versilberten Metallkelchen bei entsprechender Desinfektion kaum eine Ansteckungsgefahr bestehe. Einzelkelche könnten zudem nie die Symbolkraft des Gemeinschaftskelchs erreichen. Andere Gemeinden lösen diese Problematik so, dass das Brot in den Wein eingetaucht wird (intinctio).

Stark diskutiert wird auch die Verwendung von Traubensaft als Weinersatz. Vor allem der Blick auf Alkoholikerinnen bzw. Alkoho-

»Menschen essen ein Stück Brot und trinken einen Schluck Wein. Sie haben das Lamm Gottes um Erbarmen gebeten und hören bei der Austeilung, daß sie den Sohn Gottes zu sich nehmen. Der Gottesdienst ist an sein Ziel gekommen. Nach einem langen Anmarschweg, nach zahlreichen Akten äußerer und innerer Präparation, nach Reinigung und Erleuchtung findet jetzt Vereinigung statt.« (Manfred Josuttis).

liker und Kinder hat inzwischen in vielen Gemeinden dazu geführt, dass sich dort die Verwendung von Traubensaft anstelle von Wein durchgesetzt hat. Hier wird entgegengehalten, dass Alkoholikerinnen und Alkoholiker auch genauso nur unter einer Form kommunizieren könnten, also nur das Brot empfangen, ohne dass etwas Entscheidendes fehlen würde. Für Kinder wäre dieser kleine Schluck Wein nicht schädlich. Der stiftungsgemäßen Form des Abendmahls sei immer Vorrang zu geben.

Sehr reich ist der Schatz an neu entstandenen oder aus der Tradition verschiedener Kirchen entdeckten Spendeworten. Dabei ist vor allem im Bereich der Abendmahlsfeiern mit Kindern der Bedarf von einfachen und verständlichen Formeln deutlich geworden.

»Die Art, wie das Brot und der Wein ausgeteilt werden, sind sehr verschieden. In der Frühkirche erhoben sich die Kommunikanten und stellten sich um den Tisch, um Brot und Wein aus den Händen des Gemeindeleiters zu empfangen. Diese Tradition wird in einigen Kirchen aufrechterhalten. Manchmal kommen die Kommunikanten und knien in der Nähe des Altars nieder. […] In anderen Kirchen erheben sich diejenigen, die am Abendmahl teilnehmen wollen, von ihrem Platz. In diesem Fall, wie auch im vorangehenden, brauchen die, die nicht teilnehmen wollen, Mut, um sitzen zu bleiben, weil die Versuchung groß ist, es so wie alle anderen zu machen. Anderswo bleiben alle sitzen und diejenigen, die nicht am Mahl teilnehmen wollen, werden gebeten, Brot und Wein einfach weiterzureichen.« (Alfred Kuen).

Die Entscheidung des Gottesdienstbuches

In Grundform I wird davon ausgegangen, dass die Kommunizierenden zum Altar vortreten, um Brot und Wein zu empfangen. In Grundform II finden sich keine Anhaltspunkte, die darauf schließen lassen, in welcher Weise die Austeilung erfolgen soll. Inwieweit die an verschiedenen Stellen des Gottesdienstbuches erwähnten Austeilungsformen zufällig oder programmatisch sind, lässt sich nicht feststellen. So werden einige Formen der Austeilung vorgeschlagen wie die Austeilung durch die Liturgin bzw. den Liturgen, das Weiterreichen von Brot und Wein durch die Kommunizierenden oder das Tischabendmahl. Andere Möglichkeiten wie beispielsweise die Wandelkommunion oder die Kommunion in den Bänken werden nicht erwähnt.

Die in vielen Regionen übliche Einladung zum Abendmahl »Kommt, es ist alles bereit …« wird in Grundform I als Möglichkeit vorgesehen (vgl. z.B. GB S. 82). Bei den offenen Formen findet sich dann auch noch eine sprachlich den Kriterien des Gottesdienstbuches entsprechende Einladungsformel: »… Schmeckt und seht, wie freundlich unser Gott ist« (GB S. 232).

Für den Abschluss der Austeilung wird auch eine größere Auswahl von Spendeworten geboten (vgl. GB S. 82, 144, 670). Auffällig ist, dass darunter sehr viele einfache Formeln sind, die auch verwendet werden können, wenn sich die Feiernden Brot und Wein einander weitergeben.

»Was die natürlichen Elemente ›zwischen den Zeiten‹ der Abendmahlsfeier wirklich sind, verraten nach diesem langen Anmarsch, der die Balance zwischen Archaik und Kultiviertheit beim Essen aufrechterhalten soll, noch einmal die Spendenformeln, die während der Austeilung gesprochen werden.« (Manfred Josuttis).

Sehr deutlich wird gemacht, dass bei der Austeilung Wein und kein Ersatz dafür genommen werden sollte. Selbst bei Familiengottesdiensten wird nur konzediert, dass »ggf. daneben [!] auch Traubensaft« (GB S. 212) Verwendung finden kann.

Die Gestaltungsmöglichkeiten

Austeilung durch Liturgen / Liturginnen mit Helfern / Helferinnen
Die vorgesehene Normalform ist die Austeilung von Brot und Wein durch die Liturgin bzw. den Liturgen. Helferinnen und Helfer können beteiligt werden (vgl. GB S. 47). So sind auch manche Spendeworte so eingerichtet, dass die bzw. der das Abendmahl Leitende einen gemeinsamen Abschluss spricht (vgl. GB S. 670).

Weiterreichen von Brot und Wein durch die Feiernden
Die Feiernden können einander Brot und Wein auch mit den entsprechenden Spendeworten reichen. Im Gottesdienst mit reichen Interaktionsformen wird dabei vorgeschlagen, dass die das Abendmahl Empfangenden im Kreis um den Altar oder bei Feiern in anderen Räumen um die jeweilige »Mitte« stehen (vgl. GB S. 232).

»Der Leib des Herrn wird in den eigenen Leib aufgenommen. Damit wird unleugbar eine neue Realität gesetzt. Hinter die neue Realität führt kein Weg mehr zurück.« (Michael Meyer-Blanck).

Tischabendmahl
Nach einem Vorschlag Martin Luthers kann unmittelbar nach dem Brotwort das Brot und direkt nach dem Kelchwort der Wein ausgeteilt werden (vgl. GB S. 159). Wird das Tischabendmahl mit einem Sättigungsmahl verbunden (»Agape«), so muss darauf geachtet werden, dass das gemeinsame Essen und die eucharistische Mahlfeier in diesem Gottesdienst zwar aufeinander bezogen, aber deutlich voneinander unterschieden werden (vgl. GB 160).

Form der offenen Austeilung
Während der Phase der Austeilung kann auch ein Raum der Kommunikation und der Gemeinschaft untereinander geöffnet werden. Am Schluss der Austeilung wird dann ein Impuls zur Stille gegeben. Beim Feierabendmahl wird diese Kommunikationsphase »offene Austeilung« genannt (vgl. GB S. 218).

Chancen

- In verschiedenen Situationen sind unterschiedliche Austeilungsformen möglich.
- Es können verschiedene Spendeformeln in Gebrauch genommen werden.

Achtung

- Die in der Gemeinde übliche Austeilungsform verdient Respekt und Achtung.
- Es können in einer Gemeinde verschiedene Austeilungsformen vorkommen.
- Es muss Raum gegeben werden, dass Kommunikantinnen und Kommunikanten auf die Spendeworte mit Amen antworten können.

- Die Verwendung von Traubensaft anstelle von Wein ist nur in besonderen Fällen vorgesehen.

Lesehinweis: GB S. 47, 159 f.

C 9 Dankgebet

Die Ausgangslage

Im Dankgebet (Schlusskollekte, Postcommunio) wird die Danksagung der vorausgehenden Abendmahlsgebete gebündelt. Es wird durch im Wechsel gesprochene oder gesungene Dankversikel eingeleitet (»Danket dem Herrn, denn er ist freundlich ...«). Im Aufbau kann das Dankgebet eine ähnlich geprägte Form wie das Tagesgebet haben. Der Erinnerung an Heilstaten Gottes (zum Teil mit Danksagung) folgen dann Bitten und ein abschließender Lobpreis. Hier gibt es auch eine kirchenjahreszeitlich geprägte Gebetstradition. Das Gebet kann aber auch durchwegs lobpreisenden Charakter und eine freie Form haben.

Der Austeilung folgt ganz organisch ein den Abendmahlsteil abschließendes Gebet. Darüber gibt es nicht viele Meinungsverschiedenheiten. Diskutiert wird aber, wie dieses Gebet aussehen soll. Steht es in der Tradition einer Schlusskollekte mit ihrem feststehenden Aufbau, so ist die Bitte besonders akzentuiert. Inhaltlich kreisen diese Bitten um die Erfüllung von Gottes Verheißungen, um die Stärkung des Glaubens oder der Liebe zu den Mitmenschen. Besonders im Zuge der Feierabendmahlsbewegung wurde betont, dass dabei der Dank für die empfangenen Gaben zu kurz komme. Hier kamen dann andere Gebetstraditionen zum Zuge und der Typus des Dankgebets stärker ins Spiel. Die Entfaltung von Lobpreis und Dank für die im Abendmahl empfangenen Gaben führte zu ausführlicheren Gebeten, zum Teil wurde die Danksagung aber auch in die gebundene Form der Schlusskollekte integriert.

Das Dankgebet wird aber nicht nur als Schlussgebet des Abendmahlsteils, sondern auch als Nahtstelle verstanden, in der sich der Blick von dem von Gott Empfangenen auf den zu bewältigenden Alltag richtet. Dann werden vor allem Bitten integriert, die auf ein verändertes Verhalten zielen. Dieser Aspekt, wie sich der Empfang der Heilsgaben und die Folgen für den Alltag in diesem Gebet miteinander verknüpfen, wird auch in der Verbindung des Dankgebets mit dem Fürbittengebet deutlich.

So bleibt das rechte Verhältnis von Dank und Bitte in diesem, den Abendmahlsteil abschließenden bzw. den Sendungsteil öffnenden Gebet weiter eine offene Frage.

Die Entscheidung des Gottesdienstbuches

»Das Gebet richtet den Blick zurück in den Alltag. Jetzt regiert vor allem das Realitätsprinzip: Mit dem heiligen Essen ist es nicht getan, dieses wirkt nicht automatisch. Es muß neben dem Dank eigens darum gebeten werden, dass Gott das Essen ›gedeihen läßt‹, und zwar bezüglich des Gottesverhältnisses (Glaube) und des Verhältnisses zu Menschen (Liebe).« (Michael Meyer-Blanck).

Bereits die Benennung »Dankgebet« anstelle von Schlusskollekte oder Schlussgebet signalisiert die Akzentuierung des Dankes. So gibt es für die aus der Tradition übernommenen, mehr die Bitte betonenden Gebete Alternativen, die eine Danksagung enthalten. Deutlich unterschieden werden auch die kurzen, bündelnden Gebete nach Grundform I und die ausführlicheren Dankgebete für Grundform II. Letztere enthalten oft einen Lobpreis, der in Grundform I bereits im Lobgebet entfaltet wurde. Da auch die Dramaturgie des Abendmahlsteils in beiden Formen unterschiedlich ist, ist die Unterscheidung der Gebetstypen hier von Bedeutung. Der Tatsache, dass immer mehr Kinder an Abendmahlsfeiern teilnehmen, wird dadurch Rechnung getragen, dass auch für Familiengottesdienste Formulierungsvorschläge gemacht werden.

Weitergeführt wird auch die Aufnahme von nach dem Kirchenjahr wechselnden Texten für besondere Feiertage in das Proprium, die der zu Grundform I passenden Gebetsstruktur folgen. Für die anderen Sonn- und Feiertage gibt es einige wenige Texte zum Wechseln.

Gemeinsam ist beiden Grundformen die Einleitung des Dankgebets durch einen Dankversikel. Obwohl es in den verschiedenen Traditionen unterschiedliche Versikel in Gebrauch sind, beschränkt man sich hier darauf, Psalm 106,1 vorzuschlagen.

Während es in vielen Gemeinden üblich ist, nach der Austeilung die Abendmahlsgeräte zusammenzustellen und zu verhüllen, wird vorgeschlagen, diesen Akt hinter das Dankgebet zu verlegen. Während die Gemeinde ein Lied singt, können »die Abendmahlsgeräte auf dem Altar geordnet oder zu ihrem Aufbewahrungsort zurückgebracht werden« (GB S. 56).

»Liturg und Gemeinde … wenden sich in Dankgebet nun der Gottheit zu und bitten mit den Stichworten Glaube und Liebe um jene elementaren Lebenshaltungen, die die Beziehung zur Gottheit und unter den Menschen … charakterisieren. Die heilvolle *Qualität der Gabe soll sich darin erweisen, daß sie … eine lebensförderliche Verbindung zu Gott und untereinander ermöglicht.« (Manfred Josuttis).*

Die Gestaltungsmöglichkeiten

Traditionelle Form

Für Grundform I wird das Dankgebet in Form einer knapp gehaltenen Schlusskollekte vorgegeben. Im Aufbau folgen die Gebete dem Schema Erinnerung-Bitte-Lobpreis oder Dank-Bitte-Lobpreis (vgl. GB S. 83, 120, 671 f.). Der Akzent liegt mehr auf der Bitte als auf dem Dank. Neben den allgemein verwendbaren Formulierungen gibt es auch zu besonderen Tagen im Kirchenjahr eigens im Propriumsteil vorgesehene Gebete (vgl. z.B. GB S. 245, 259, 273, 311, 321). Zum Teil sind die vorgeschlagenen Dankgebete auch zum Singen eingerichtet.

»In diesem Gebet, das dem Austeilen des Brotes und des Weines folgt, danken wir Gott dafür, dass er uns an seinem Tisch empfangen hat, dass er uns daran erinnert hat, was es Gott gekostet hat, uns aus einem sinnlosen Leben, wie es schon unsere Väter geführt haben, loszukaufen.« (Alfred Kuen).

Freiere Formen

Für Grundform II werden freier gestaltete und zum Teil auch umfänglichere Gebete vorgeschlagen. Die Variationsbreite ist groß. So wird beispielsweise Psalm 103 in Auswahl gebetet. Daneben finden sich vor allem Gebete mit lobpreisendem Charakter (vgl. GB S. 672–674). Im Gegensatz zu den Texten für Grundform I ist kaum etwas eigens für das Kirchenjahr angegeben (lediglich GB S. 259). Für Familiengottesdienste sind zwei Dankgebete abgedruckt, die beide den Dank verständlich zur Sprache bringen (vgl. GB S. 674).

In Verbindung mit dem Fürbittengebet

Insbesondere in Grundform II, wenn das Fürbittengebet im Sendungsteil seinen Ort findet, können Dank- und Fürbittengebet verknüpft werden. In diesem Fall entfallen der rühmende Abschluss des Dankgebets und die Einleitung des Fürbittengebets.

»Auf die Austeilung folgt ein Dankgebet. Damit wird die angemessene Haltung des Menschen auf das schenkende Handeln Christi ausgedrückt: das Lob Gottes und der Dank für die uns geschenkten Gaben.« (Dietmar Wenzel)

Freies Dankgebet

Das Dankgebet nach dem Empfang vom Brot und Wein kann besonders bei Gottesdiensten mit kleiner Teilnehmendenzahl oder bei Gottesdiensten in offener Form auch frei formuliert werden (vgl. z.B. GB S. 159).

Chancen

- Es werden sowohl geprägte als auch freie Formen des Gebets angeboten.
- An besonderen Festtagen gibt es kirchenjahreszeitlich gebundene Dankgebete.
- In kleinerem Kreis kann das Dankgebet auch frei gesprochen werden.
- Das Dankgebet kann mit dem Fürbittengebet verbunden werden.

Achtung

- Bei der Auswahl der Dankgebete sollte die Dramaturgie des Gottesdienstes bedacht werden.
- Die Bezeichnung Dankgebet bedeutet im Gottesdienstbuch nicht, dass darin auch Dank ausgedrückt wird.
- Bei den einleitenden Dankversikeln entfällt das in Grundform I gebräuchliche Halleluja vom 2.–4. Advent, in der Passionszeit (außer am Gründonnerstag) sowie am Bußtag und an Werktagen.

Lesehinweis: GB S. 671

D SENDUNG UND SEGEN / FÜRBITTE UND SENDUNG

Die Ausgangslage

Charakteristisch für den abschließenden Teil des Gottesdienstes ist – abgesehen von neueren Entwicklungen – seine Kürze. In knappen, geprägten Formeln werden Lobpreis (Benedeiung), Sendung und Segen zur Sprache gebracht. Die Bezeichnung Entlassung, die vorwiegend zur Kennzeichnung gebraucht wird, signalisiert bereits, dass das Entscheidende – die Wortverkündigung und die Feier des Abendmahls – vorbei ist. Auch die funktionale Benennung »Schlussteil« weist darauf hin, dass es sich hier um den Abschluss eines bereits im Wesentlichen beendeten Geschehens handelt.

Demgegenüber signalisieren die in der zweiten Hälfte des 20. Jahrhunderts sich immer stärker durchsetzenden Bezeichnungen »Sendungsteil«, »Segensteil«, »Sendung und Segen« oder »Fürbitte und Sendung« eine Neugewichtung. Es hat mehrere Gründe, dass nun Inhalte des Schlussteils in die Benennung einfließen. Seit den 60er-Jahren des 20. Jahrhunderts wird ein stärkeres Augenmerk auf die Antwort des Menschen auf die Verkündigung und die Heilsgaben in Brot und Wein gelegt. Der Gottesdienst diene nicht nur der eigenen Auferbauung, sondern die Glaubenden seien in die Welt gesandt, um ihren Glauben zu leben. Dem entspricht dann eine Hervorhebung der Sendung. Dann wird dieses Element nicht nur mit aus der Bibel entnommenen Sendungssprüchen gestaltet. Vielmehr werden Menschen ganz konkret zur Erfüllung bestimmter Aufgaben in Gemeinde und Gesellschaft gesandt, beispielsweise um Kranke zu besuchen.

Dazu kommt eine veränderte Gewichtung des Segens. Dieser hat immer mehr an Bedeutung gewonnen. Auch das Entstehen von Segnungsgottesdiensten ist dafür ein Hinweis. Inzwischen ersetzen oft viele Formen eines entfalteten Segens den Aaronitischen Segen. In vielfältiger Weise wird dem Bedürfnis nach Segnung im Sonntagsgottesdienst Rechnung getragen.

Auch die Fürbitte hat mehr Eigenständigkeit erreicht. Wurde sie bisher zumeist der Predigt oder dem Abendmahl zugeordnet, so wird sie nun an die Nahtstelle zwischen Empfangen und Weitergeben, Kultus und Alltag gesetzt. So ist es nur folgerichtig, ihr etwa in einer Benennung wie »Fürbitte und Sendung« eine zentrale Stellung im Gottesdienst zuzuschreiben.

Wo diese Entwicklungen zusammenfließen, ist der Schlussteil von den Proportionen her ähnlich lang wie die anderen Gottes-

Kernstück des letzten Teils des Gottesdienstes ist der Segen, zumeist in der Form von 4. Mose 6,24–26 (»aaronitischer Segen«). Dazu kommt oft ein Sendungswort, das im evangelischen Bereich vor dem Segen gesprochen wird. Nach dem Schlusssegen folgt in der Regel lediglich noch Musik zum Ausgang sowie eine Geldsammlung beim Hinausgehen aus der Kirche. Die früher übliche Benedeiung vor dem Segen (»Lasst uns benedeien den Herrn«) ist selten geworden. Oft ist der Segen allerdings mit einer Entlassung verbunden (»Geht hin im Frieden des Herrn«).
Neuere Entwicklungen betonen Sendung und Segen stärker, als dies bisher üblich war. So hat dieser Gottesdienstteil an Umfang und Gestaltungsmöglichkeiten gewonnen. Fürbittengebet, Vaterunser, Lobpreis, Lieder zu Sendung und Segen sowie Abkündigungen, die sich auf Kommendes im Gemeindeleben beziehen, können integriert werden.

dienstteile. Sicher gibt es nach wie vor Stimmen, die diese Entwicklung für problematisch erachten und für einen straffen Schluss plädieren, da die Gewichtung von Wort und Sakrament zugunsten von weniger bedeutsamen Gottesdienstelementen verschoben wird. Ein Ende der Entwicklung, den Schlussteil besonders zu betonen und zu akzentuieren, ist aber nicht abzusehen.

Die Entscheidung des Gottesdienstbuches

Bereits mit den Benennungen des Schlussteils werden deutliche Akzente gesetzt. Dabei ist zu beachten, dass unterschiedliche Bezeichnungen aufgenommen wurden: für Grundform I »Sendung und Segen«, für Grundform II »Fürbitte und Sendung«. Interessant ist, dass dabei die identische Bezeichnung »Sendung« in unterschiedlichem Sinn verwendet wird.

»Der Abschluß des Gottesdienstes ist genauso wichtig wie sein Anfang und sollte ebenso sorgfältig vorbereitet werden.« (Alfred Kuen).

Mit der Akzentsetzung »Sendung und Segen« werden insbesondere die vielen Impulse aufgenommen, die diese beiden liturgischen Stücke entfalten. Das aktive Gestalten des Glaubens wird betont. Er soll sichtbar werden und aktiv lebensfördernd dort wirken, wo Not gelindert und Freude gebracht werden können. Dazu kommt die Veranschaulichung von Gottes segnendem Handeln, das durch die kommende Zeit begleiten soll. Es hätte auch die Möglichkeit bestanden, den Segen unter dem Begriff der Sendung einzuschließen oder umgekehrt die Sendung unter dem Oberbegriff Segen einzubeziehen. Die Betonung der Eigenständigkeit beider Aspekte ist Programm. Bei den Schwerpunktsetzungen wird allerdings nur immer eines der beiden Elemente entfaltet. Wie das konkret bei dem Segen aussehen kann, wird besonders bei den Gottesdiensten in freierer Gestaltung aufgewiesen. Zur Sendung, die als Einzelelement fakultativ ist, wird sehr viel weniger ausgeführt.

Ähnlich programmatisch ist die Benennung »Fürbitte und Sendung« in Grundform II. Am Anfang des Schlussteils steht das Fürbittengebet mit den dazu gehörigen Abkündigungen. Es bildet ein Scharnier zwischen den von Gott empfangenen Gaben in Wort und Sakrament und der Sendung in den Alltag. Durch die Hereinnahme der Fürbitte wird der Schlussteil im Gottesdienst ohne Abendmahl ein dritter, gleichgewichtiger Teil. Zudem wird die Eigenständigkeit der Fürbitte unterstrichen. Besonders wird auch herausgestellt, dass die Stellung des Fürbittengebetes im Schlussteil den Vorteil bietet, dass während des Gottesdienstes eingesammelte Fürbitten aus der versammelten Gemeinde aufgegriffen werden können. Unter Sendung sind hier die Entlassung (»Gehet hin im Frieden des Herrn«) und der Segen selbst zu verstehen, da ein eigenes Sendungswort bzw. ein Sendungsakt in Grundform II nicht vorgesehen ist. Auch hier weist die Benennung darauf hin, dass der Gottesdienst weitergeht und das Evangelium jetzt in die Öffentlichkeit getragen werden soll.

Insgesamt bietet des Schlussteil in beiden Grundformen eine sehr große Variationsbreite und eine Häufung von liturgischen Stücken, die fakultativ aufgenommen werden können. Die zügige Entlassung früherer Gottesdienstordnungen wird nicht fortgeschrieben.

Die Gestaltungsmöglichkeiten

Grundform I

Unverzichtbare Elemente des Sendungsteils sind in Grundform I lediglich der Segen und die Musik zum Ausgang. Der Lobpreis wird zu besonderem Anlass aufgenommen. Fürbittengebet und Vaterunser werden zu Beginn dieses Teils gesprochen, wenn kein Abendmahl gefeiert wurde. Eine Ausnahme bildet die gekürzte Grundform I. Dort ist das Fürbittengebet immer am Anfang von »Sendung und Segen« vorgesehen (vgl. GB S. 163). Die Lieder bzw. Liedstrophen sind fakultativ. Abkündigungen finden dann hier einen Ort, wenn sie ihrer Funktion nach aufgeteilt wurden (s. o. S. 91 f.). Auch das Sendungswort ist kein regelmäßiges Element, obwohl dieser Gottesdienstteil die Sendung im Namen trägt.

»Der Schlussteil hat in einigen Gemeinden eine nicht unbedingt für einen Dauerzustand geeignete Erweiterung erfahren.« (Richard Lah).

Die große Variationsbreite in der Gestaltung von Grundform I hat dazu geführt, dass selbst in den Verlaufsschemata des Gottesdienstbuches Unterschiede festzustellen sind (vgl. GB S. 49 und 63).

Verlauf:

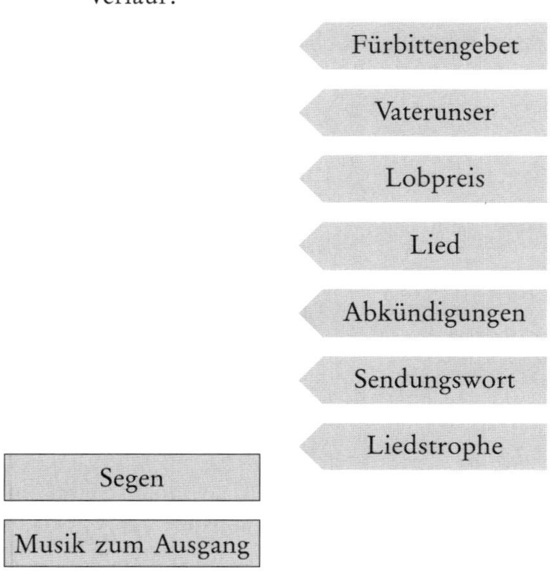

Grundform II

Das Fürbittengebet gehört wie der Segen und die Musik zum Ausgang zu den regelmäßig vorkommenden Stücken in Grundform II. Dazu kommt noch eine Amen- oder Segensstrophe zwischen Segen und Musik zum Ausgang. Sowohl das Einsammeln des Dankopfers mit Dankopferlied als auch die Abkündigungen sind fakultativ. Das Vaterunser wird gesprochen oder gesungen, wenn kein Abendmahl gefeiert wird.

»An der Schwelle des gottesdienstlichen Lebens, kurz vor dem Rückweg in das Alltagsleben, haben die Besucher offensichtlich noch einmal in besonderer Weise den Wunsch, sich der Nähe Gottes intensiv zu vergewissern.« (Michael Meyer-Blanck).

Verlauf:

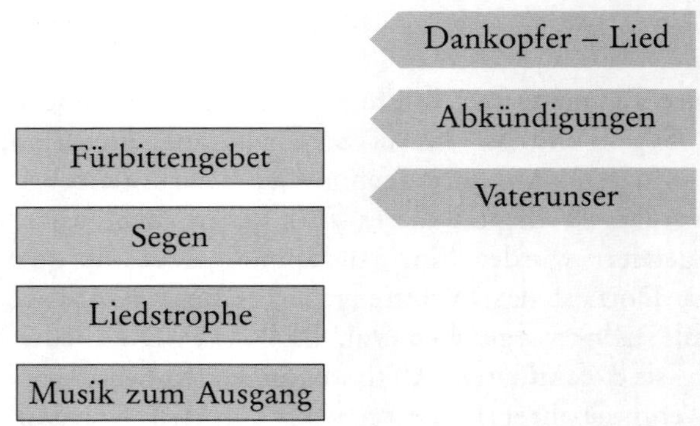

Grundform II mit kleiner Teilnehmerzahl ohne Abendmahl

Für Gottesdienste mit kleiner Teilnehmendenzahl nach Grundform II wird ein erheblich andersgearteter Vorschlag gemacht. Hier wird mit einem Gebet begonnen, dass vorbereitet oder von den Teilnehmerinnen bzw. Teilnehmern frei gehalten werden kann. Das Gebet wird durch das Vaterunser abgeschlossen. Als »gemeinsame Vergewisserung des christlichen Glaubens« (GB S. 176) kann vor dem abschließenden Segen das Glaubensbekenntnis gesprochen werden.

Verlauf:

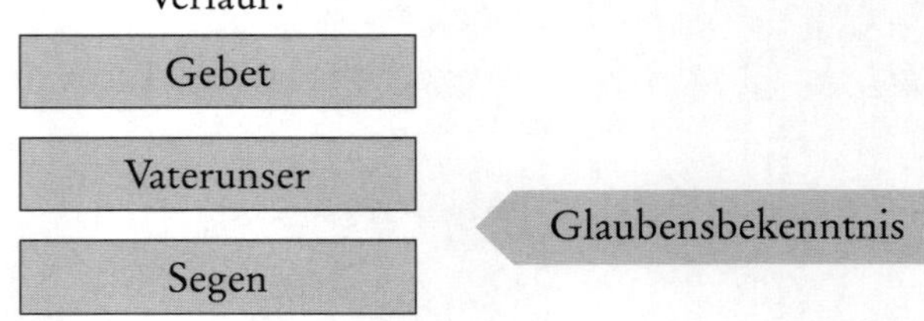

Schwerpunkt Lobpreis

In Grundform I kann der Schwerpunkt des Schlussteils auf dem Lobpreis liegen. Dann entfällt im Eingangsteil das Gloria. Dafür wird es hier entfaltet oder das Tedeum gesungen (z.B. EG 180, 1).

Das Gloria kann auch mit einem Dankgebet verbunden werden (vgl. GB S. 48). Für freier gestaltete Gottesdienste wird dazu ausgeführt: »Singrufe, Kanons und andere Gesänge unter Anregung durch den Kantor/die Kantorin und den Chor, wo möglich auch singendes Umschreiten des Kirchenraums und andere, Freude ausdrückende Bewegungen können Zeichen eines befreiten Neuanfangs sein« (GB S. 207).

Verlauf:

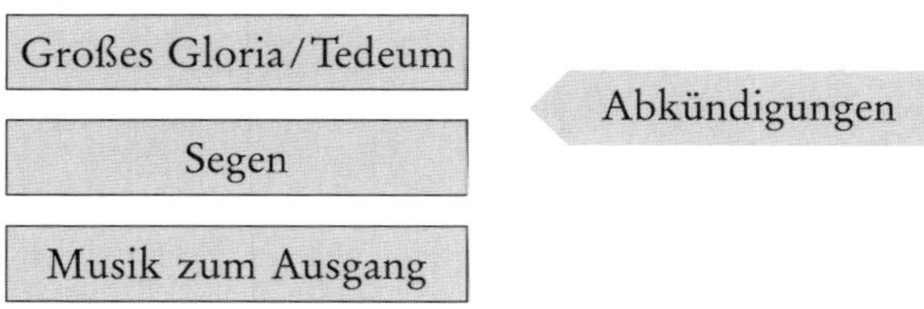

Schwerpunkt Sendung
Eine entfaltete Sendung ist nur dann sinnvoll, wenn tatsächlich Menschen zu einem Dienst gesandt werden, beispielsweise »zu besonderen diakonischen Aufgaben in der Gemeinde oder mit den Abendmahlsgaben zu Kranken« (GB S. 48). Dies geschieht in freien Worten.

Die Abkündigungen und Fürbitten sind für den Fall hier vorgesehen, dass sie nicht bereits vor dem Abendmahl gesprochen wurden. Das Vaterunser hat dann seinen Ort vor dem Sendungswort, wenn kein Abendmahl gefeiert wird.

»Segen und Sendung bindet alles bisher Gehandelte und Erfahrene ein in künftige Gottes- und Menschenbeziehungen. Der Segen kann das Postludium vorbereiten, denn danach sackt es zum konzertierenden Schluß ab. Der Beitrag des Organisten ist wichtiges Scharnier zwischen Kommunion und Entlasssegen, der in der Regel durch die Benedeiung als Wechselgruß eingeleitet wird. Der Schluß soll sich zum gegenseitigen Segen öffnen und steigern, sei es als Lied (möglichst im Stehen) oder als Auszug mit musikalischer Begleitung.« (Rainer Volp).

Verlauf:

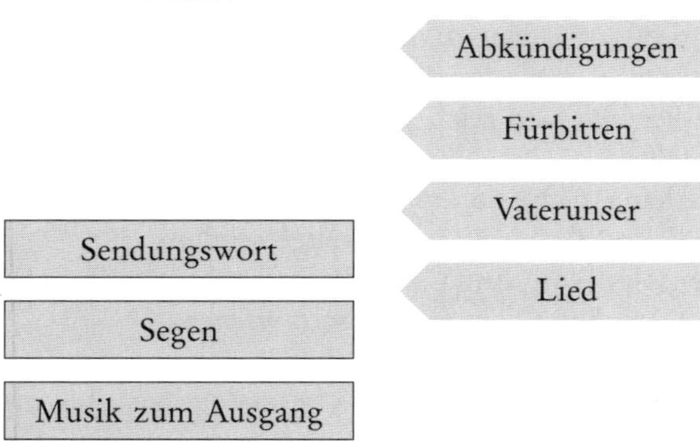

Schwerpunkt Segen
Wird der Segen besonders betont, so tritt an die Stelle des Sendungsworts eine »Einleitung zum entfalteten Segen«. Neben der Entfaltung des Wortlauts des Segens wird auch die Möglichkeit einer Ausgestaltung mit Bewegungen und Gebärden hingewiesen. Dies kann beispielsweise ein Segenstanz sein.

Verlauf:

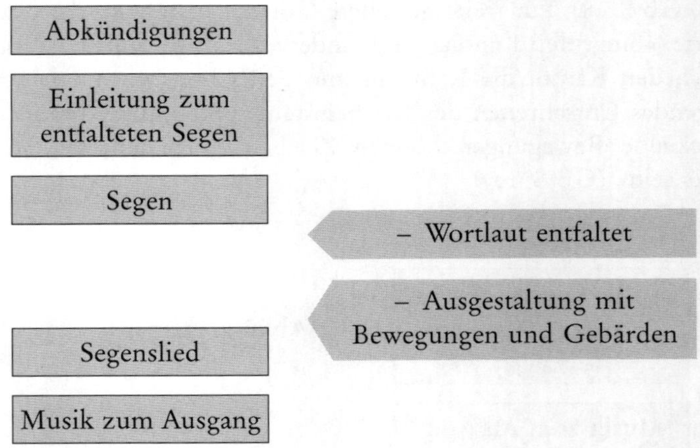

»Die erhobenen Hände, das leuchtende Angesicht und das Stichwort Frieden setzen sich zu einem komplexen Zeichen zusammen, welches offensichtlich für die meisten Gottesdienstbesucher … von erheblicher Tragweite ist.« (Michael Meyer-Blanck).

Freie Formen

Von der Struktur her bewegen sich die Gottesdienste in offener Form in den aufgezeigten Bahnen. Charakteristisch ist allerdings, dass der Segen jeweils eine besondere Ausgestaltung erfährt. So kann er beispielsweise im Familiengottesdienst einzeln unter Handauflegung zugesprochen (vgl. GB S. 213), beim Feierabendmahl »kommunikativ gestaltet« (GB S. 218) oder im Gottesdienst mit reichen Interaktionsformen als Segenskreis, Segenstanz oder Segenszuspruch (vgl. GB S. 236f.) gestaltet werden.

Chancen

- Am Ende des Gottesdienstes können der Lobpreis, die Sendung oder der Segen entfaltet werden.
- Die freien Formen sind reich an Gestaltungsvorschlägen für einzelne Elemente.
- Der Segen kann nicht nur mit Worten, sondern zusätzlich mit Bewegungen und Gebärden ausgestaltet werden.
- Die Reihenfolge von Entlassung (»Gehet hin im Frieden des Herrn …«) und Segen kann vertauscht werden.

Achtung

- Wenn ein Aspekt des Sendungsteils besonders entfaltet wird, so ist darauf zu achten, dass der Dramaturgie entsprechend andere Stücke entfallen.
- Für die Gestaltung ist bedeutsam, ob Abendmahl gefeiert wird oder nicht.
- Wenn der Schwerpunkt auf den Lobpreis gerichtet wird, entfällt das Gloria im Eingangsteil.
- Wird das Glaubensbekenntnis vor dem Segen gesprochen, entfällt es bei »Verkündigung und Bekenntnis«.

- Nach dem Segen werden keine Verabschiedungsworte, Dankworte oder Einladungen mehr ausgesprochen.

Lesehinweis: GB S. 34f., 206f.

D 1 Sendungswort

Die Ausgangslage

Die Sendung (Entlassung) leitet entweder den Segenszuspruch ein oder folgt ihm als das letzte gesprochene bzw. gesungene Wort im Gottesdienst. Die ursprüngliche Form »Geht, ihr seid entlassen« (»Ite, missa est«) wird heute nicht mehr verwendet. An ihre Stelle traten die Benedeiung (»Lasst uns benedeien den Herrn«) oder im (lutherischen) Abendmahlsgottesdienst »Gehet hin im Frieden des Herrn«. In beiden Fällen antwortet die Gemeinde mit »Gott sei ewiglich Dank« oder mit »Gott sei Lob und Dank«. In neuerer Zeit kann die Sendung auch durch ein biblisches Sendungswort erfolgen oder dadurch, dass eine bestimmte Gemeindegruppe zur Erfüllung einer festumrissenen Aufgabe ausgesandt wird.

Die traditionelle Benedeiung ist außer Mode gekommen. Hauptgrund war sicher die Kritik, dass kaum noch jemand wisse, was das bedeutet: »Lasset uns benedeien den Herrn«. So setzte sich die aus der ostkirchlichen Tradition kommende Formel »Geht hin im Frieden des Herrn« allgemein durch. Die Betonung der Sendung als Schnittstelle zwischen dem Kultus und dem »Gottesdienst des Alltags« führte zu neuen Ausgestaltungsformen. Die Folge war, dass die Entlassung mit dem Segen verbunden wurde bzw. blieb, die Sendung aber einen eigenständigen liturgischen Ort bekam. Dabei sind die Ausgestaltungsmöglichkeiten inzwischen vielfältig. Am deutlichsten wird die Funktion der Sendung, wenn Menschen ganz konkret ausgesandt werden, um einen Auftrag bzw. Dienst in der Gemeinde oder der Gesellschaft zu erfüllen. Daneben gibt es geprägte Sendungsworte, die den Auftrag der Mitarbeit am Reich Gottes für die gesamte Gemeinde in verschiedenster Weise entfalten. Diese sind in der Regel allgemein gehalten und an alle Anwesenden gerichtet.

In manchen Gemeinden hat es sich auch eingebürgert, Gruppen, die den Gottesdienst vorzeitig verlassen, mit einem Sendungswort zu entlassen. Hier markiert es dann in einer anderen Weise einen Übergang, beispielsweise wenn Kinder vor der Predigt oder vor dem Abendmahl den Kirchenraum verlassen, um im Kindergottesdienst weiter zu feiern.

Großen Anteil an der Akzentsetzung »Sendung« hat auch die Beliebtheit von so genannten »irischen« und anderen in deren Umfeld entstandenen Segensformeln, in denen Sendung und Segen oft ineinander fließen.

»Wer gekommen ist, muss auch wieder gehen. Diejenigen, die sich in den gottesdienstlichen Raum hineinbegeben haben, müssen sich wieder aus ihm herauslösen. Was zunächst trivial klingt, ist doch ein Grundzug in der Komposition des christlichen Gottesdienstes. Die religiöse Erfahrung im Ritual, die Kommunikation mit Gott ist immer nur begrenzt möglich und zudem von Schwellenritualen am Anfang, bei der Ein-Leitung, und am Ende, der Aus-Leitung, umgeben.« (Karl Scheidhauer).

Die Entscheidung des Gottesdienstbuches

Das Sendungswort kommt nur in Grundform I vor und ist auch dort fakultativ. Die gewählte Bezeichnung »Sendungswort« weist auf einen kurzen Sprachakt.

Die in vielen Regionen nach wie vor gebräuchliche Entlassungsformel »Lasst uns benedeien den Herrn« wird nicht aufgegriffen. In beiden Grundformen wird die Entlassung »Gehet hin in Frieden des Herrn« direkt mit dem Segen verbunden und nicht als Sendungswort verstanden. Dafür ist vielmehr ein biblisches Wort vorgesehen. Als Beispiele für Sendungsworte werden die Wochensprüche genannt, welche »die Gemeinde in den Alltag der Woche« (GB S. 675) begleiten sollen.

In besonderen Fällen kann das Sendungswort auch ausgeführt werden. Dies kann bei konkreten Anlässen sinnvoll sein, wenn beispielsweise Menschen für einen bestimmten Dienst ausgesandt werden.

Die Stellung des Sendungswortes ist in der Regel vor dem Segen bzw. der vor diesem gesungenen Liedstrophe. Letztere kann auch die Sendung entfalten. Im Gottesdienstbuch wird allerdings nicht darauf hingewiesen, dass eine Liedstrophe das Sendungswort auch ersetzen könnte.

Nicht aufgenommen wird der in manchen Agenden vorgesehene liturgische Gruß »Der Herr sei mit euch« samt der dazugehörigen Gemeindeantwort vor dem Sendungswort bzw. vor der Entlassung.

Auch beim Sendungswort legt das Gottesdienstbuch Wert auf die symbolische Kommunikation untereinander. So wird auch hier in dem einzigen ausgeführten Beispiel dazu aufgefordert, die Hände der Nachbarinnen bzw. Nachbarn zu ergreifen und während des Sendungswortes und des Segens festzuhalten.

»Der abschließende Ruf ›Ite, missa est‹ heißt eigentlich ›Geht, es ist Entlassung*‹ (vom lateinischen dimissio). … Weil … die Entlassung schon früh mit einem Segen verbunden war, verstand man missa als den Segen, den Gott den Teilnehmern der Eucharistie schenkt. Weil jede Gabe Gottes zur Aufgabe wird und zu einem Leben des Dankes und zur Weitergabe der göttlichen Botschaft und Gnade verpflichtet, hat man das ›Ite, missa est‹ in Anlehnung an das lateinische Wort ›missio‹ gelegentlich auch als Sendung verstanden, etwa in dem Sinn: ›Geht, eure Sendung beginnt.‹« (Adolf Adam).*

Die Gestaltungsmöglichkeiten

Biblisches Sendungswort
Als Sendungsworte sieht das Gottesdienstbuch in erster Linie die jeweiligen Wochensprüche vor. Sie sind im Propriumsteil abgedruckt (GB S. 241 ff.) Andere Beispiele werden nicht gegeben.

Sendungswort in Verbindung mit dem Segen
Das Sendungswort kann nicht nur direkt vor dem Segen gesprochen, sondern auch inhaltlich und formal damit verknüpft werden (vgl. z.B. GB S. 675).

Entfaltete Sendung
Aus besonderem Anlass kann die Sendung ausführlich gestaltet werden und einen Schwerpunkt des Gottesdienstes bilden. Dabei wird ein (frei formuliertes) Sendungswort an diejenigen gerichtet, die einen bestimmten Auftrag in der Gemeinde übernehmen. Als Beispiele sind aufgeführt: »Gruppen …, die Kranke besuchen (ggf. mit Hausabendmahl) oder die Botschaft des Evangeliums in die Öffentlichkeit tragen oder auf geeigneten Plätzen das Gotteslob erklingen lassen (Posaunen-, Kirchenchor)« (GB S. 207).

»›Im Frieden des Herrn‹ das Kirchengebäude verlassen, das läßt sich vielleicht so umschreiben: Der Schutzraum, der sich im kultischen Ritual gebildet hat, die Lebenskraft, die durch die Akte der Reinigung, Erleuchtung und Vereinigung vermittelt wurde, die energiegeladene Atmosphäre, die sich eingestellt hat, das alles geht mit dem Ende des Gottesdienstes nicht einfach verloren. Sondern das alles kann aus dem Gottesdienst auch exportiert werden.« (Manfred Josuttis).

Chancen

- Die Sendung kann konkret ausgestaltet werden.
- Sendungsworte können kirchenjahreszeitlich und situationsgemäß gewählt werden.
- Ein Sendungswort kann mit einem Sendungslied verbunden oder dadurch ersetzt werden.
- Die Sendung kann als Lobpreis entfaltet werden.
- Das Sendungswort kann mit dem Schlusssegen verbunden werden.
- Das Sendungswort kann mit einer Symbolhandlung verbunden werden.

Achtung

- Wenn die Sendung ausgestaltet wird, sollten keine anderen Elemente entfaltet werden.
- Nicht jeder Wochenspruch eignet sich als Sendungswort.

Lesehinweis: GB S. 675

D 2 Gesänge/Musik zu Sendung und Segen

Die Ausgangslage

Der Schlussteil des Gottesdienstes hat meistens eine sehr knappe musikalische Ausgestaltung. Oft ist sie auf die Musik zum Ausgang beschränkt. So konzentriert sich auch die Diskussion besonders auf dieses Gestaltungselement. Dabei wird es traditionell als Musik zum Verlassen der Kirche begriffen. Der Auszug der Liturgin bzw. des Liturgen und der Aufbruch der Gemeinde geschehen dann zumeist unter Orgelbegleitung. Dagegen wird von anderen die Musik zum Ausgang als Zeit für bündelnde Besinnung gesehen. Deshalb wird hier gefordert, dass alle sitzen bleiben, bis der letzte Ton des Nachspiels erklungen ist. Dieses setzt dann oft noch einen besonderen kirchenmusikalischen Akzent.

Durch die allgemeine Betonung von Sendung und Segen werden vermehrt Sendungs- und Segenslieder gesungen. Viele dieser Lieder haben neu Eingang in das Evangelische Gesangbuch gefunden. Die früher in vielen Gemeinden übliche Schlussstrophen wie »Verleih uns Frieden gnädiglich« (EG 421) sind häufig durch Segenslieder/-strophen ersetzt worden.

Viele Gottesdienste in freier Gestaltung haben eine sehr einfache Struktur. In schneller Folge wechseln sich immerzu Musik/Gesang und Wortbeitrag ab. Dies hat auch vor dem Schlussteil des Gottesdienstes nicht Halt gemacht und diesen zum Teil mit mehr Gesängen bzw. anderer Musik als früher üblich angereichert.

Die musikalische Gestaltung des Schlussteils des Gottesdienstes beschränkt sich zumeist auf das Singen einer Liedstrophe und auf die Musik zum Ausgang (Postludium), manchmal nur auf letztere, die das letzte Stück der Liturgie ist. Die Liedstrophe kann entweder vor oder nach dem Segen gesungen werden und greift thematisch Sendung oder Segen auf. Auch eine Amenstrophe ist möglich. Bei entsprechender Gestaltung des Schlussteils kann entweder zur Sammlung des Dankopfers oder zum Lobpreis oder vor den Abkündigungen ein Gemeindegesang eingefügt werden. Rückt das Vaterunser in diesen Teil, so kann es ebenfalls gesungen werden.

Die Entscheidung des Gottesdienstbuches

In dem Bemühen, den Schlussteil von der Länge her gegenüber den anderen Gottesdienstteilen gleichgewichtig zu gestalten, werden alle möglichen Orte für den Einsatz von Instrumentalmusik und Gesang aufgewiesen. Da die meisten Gesänge fakultativ sind, ergeben sich viele Gestaltungsmöglichkeiten und dabei auch eine gewisse Unübersichtlichkeit. Da die »vagabundierenden« Stücke des Gottesdienstes (Dankopfer, Fürbittengebet, Vaterunser, Abkündigungen) auch mit Gesängen verbunden sein können, ergeben sich je nach Gottesdienstverlauf die unterschiedlichen Möglichkeiten.

»Ist ein Schlussgesang vorgesehen, so soll er nicht *nach dem Segen eingeordnet werden. Der Segen soll in jedem Fall das Letzte sein« (Friedrich Kalb).*

Die Musik zum Ausgang ist in beiden Grundformen regelmäßig vorgesehen. Sie kann in der gesamten Breite der vorhandenen musikalischen Möglichkeiten gestaltet werden. Sämtliche Gesänge können aber auch wegfallen. Es hängt vom Gottesdienstverlauf ab, ob und wann sie ihren Ort haben. So können je nach Verlauf in beiden Grundformen ein oder zwei Lieder im Schlussteil vorkommen.

Während in Grundform I eine Liedstrophe vor dem Segen eingefügt werden kann, hat sie in Grundform II die Funktion einer Schlussstrophe und steht deshalb nach dem Segen. Damit wird eine in vielen Gemeinden übliche Praxis aufgegriffen. Beide Grundformen eröffnen über die jeweilige Regelform hinaus auch die Möglichkeit, die Liedstrophe entweder vor oder nach dem Segen zu singen.

»Im Normalfall … sollte jeder für einen Gottesdienst Verantwortliche bedenken, dass es für den Organisten frustrierend ist, in einer unter lautstarker Unterhaltung sich leerenden Kirche zu spielen.« (Richard Lah).

Da in den gekürzten Varianten der beiden Grundformen sowie am Karfreitag und am Buß- und Bettag überhaupt auf Musik grundsätzlich verzichtet werden kann (vgl. GB S. 163, 174, 189, 201), wird unter diesen Vorgaben auch der Schlussteil allein worthaft sein.

Die Gestaltungsmöglichkeiten

Lobpreis

Wird der Lobpreis im Schlussteil besonders entfaltet, so können neben Lobliedern »Singrufe, Kanons und andere Gesänge unter Anleitung und Anregung durch den Kantor/die Kantorin und den Chor« (GB S. 207) verwendet werden.

Lied während der Sammlung des Dankopfers / vor den Abkündigungen

In Grundform II ist die Möglichkeit eröffnet, das Dankopfer zu Beginn des Schlussteils einzusammeln. Während der Sammlung kann ein Lied gesungen werden (vgl. auch o. S. 144). Es kann dann direkt vor die Abkündigungen rücken. Auch in Grundform I kann für den Fall, dass Abkündigungen im Schlussteil vorgesehen sind, ein Lied eingefügt werden (vgl. GB S. 48).

»Die versammelte Gemeinde kann beim Nachspiel den Kirchsaal verlassen. Da der Auszug dann Teil der Liturgie ist, muß er als solcher eingeführt und gestaltet werden, damit das musikalische Nachspiel nicht in Verabschiedungen, Nachgesprächen und Kommentaren untergeht.« (Frank Maibaum).

Liturgische Gesänge

Im Teil »Sendung und Segen« kommen die wenigsten von der Liturgin bzw. vom Liturgen gesungenen Teile vor. Lediglich die Entlassung und der Segen sind zum Singen eingerichtet (vgl. GB S. 131 f.).

Sendungs- / Segenslied

In Grundform I kann vor dem Segen eine Liedstrophe eingefügt werden. Dabei können Sendungs- und Segenslieder, an Danktagen auch das Tedeum (EG 191) und an Bittagen eine Bitte um Frieden (z.B. EG 421) gesungen werden.

Liedstrophe nach dem Segen
Die unter D. aufgeführten Möglichkeiten sind in Grundform I auch in einer Liedstrophe nach dem Segen anwendbar. In Grundform II ist die Liedstrophe grundsätzlich nach dem Segen vorgesehen und zwar als »Amenstrophe oder Segensstrophe« (GB S. 57).

Musik zum Ausgang
Der Gottesdienst kann durch verschiedene musikalische Gestaltungen abgeschlossen werden. Genannt werden im Gottesdienstbuch Orgel- oder weitere Instrumentalmusik sowie der Einsatz eines Chores. Hinsichtlich der Funktion der Musik zum Ausgang wird alles offen gehalten: »Die Musik zum Ausgang kann den Auszug der Gemeinde aus dem Kirchenraum festlich begleiten. Sie kann aber auch, wenn es sich um wortgebundene Musik handelt, den Gottesdienst besinnlich ausklingen lassen. Dann bleibt die Gemeinde noch auf ihren Plätzen« (GB S. 34f.).

»Das Postludium ist wie alle Musik im Gottesdienst ein Bestandteil der Liturgie. Diesem Verständnis entsprechend verlässt die Gemeinde das Gotteshaus erst nach dem Ende des Postludiums.« (Horst Nitschke).

Bei dem ausgeführten Gottesdienst mit reichen Interaktionsformen wird als Musik zum Ausgang ein Lied vorgeschlagen, zu dem die Gemeinde im Pilgerschritt (beispielsweise drei Schritte vor, einer zurück) auszieht (vgl. GB S. 237).

Chancen

- Die Musik zum Ausgang bietet vielfältige Gestaltungsmöglichkeiten.
- Rücken Dankopfer, Fürbitten, Vaterunser oder Abkündigungen in den Schlussteil, so können sie mit einem Gesang bzw. Ruf verbunden werden.
- In Grundform I kann die Liedstrophe vor oder nach dem Segen gesungen werden.

Achtung

- Die Liedstrophe vor bzw. nach dem Segen kann entfallen.
- Bei Gottesdiensten mit kleiner Teilnehmendenzahl, am Karfreitag und am Buß- und Bettag kann jegliche musikalische Gestaltung des Schlussteils wegfallen.
- Wird nach dem Segen eine Liedstrophe gesungen, so ist auf ein Zusammenpassen mit der Musik zum Ausgang zu achten.
- Manche Lieder eignen sich nur entweder vor oder nach dem Segen.

Lesehinweis: GB S. 34, 48, 57

D 3 Segen

Die Ausgangslage

Der Segen (»signare signo crucis« = »mit dem Zeichen des Kreuzes zeichnen«) beschließt den Gottesdienst. Er ist ein fürbittender Zuspruch des Heiles Gottes auf der Schwelle vom Gottesdienst zu den kommenden Situationen. Im evangelischen Gottesdienst ist der Aaronitische Segen (4. Mose 6, 24) der gebräuchlichste. Daneben wird die trinitarische Segensformel »Es segne und behüte euch der allmächtige und barmherzige Gott, der Vater und der Sohn und der Heilige Geist« häufig verwendet. Dazu sind inzwischen viele andere biblische oder neuformulierte Segenszusprüche in Gebrauch. Segensgesten wie das Heben der Hände, das Schlagen des Kreuzes oder die Handauflegung wollen den Segen begreiflich und erlebbar machen. Auf den Zuspruch des Segens antwortet die Gemeinde mit ihrem »Amen«.

Wie kaum ein anderes liturgisches Stück hat der Segen in den letzten beiden Jahrzehnten an Bedeutung gewonnen. Segnungsgottesdienst mit persönlichem Segenszuspruch und ausführliche Segenshandlungen in neueren Gottesdienstformen signalisieren den neu erwachten Hunger nach Segenszuspruch. Dabei gab es in den 70er-Jahren heftige Kritik an den vermeintlich patriarchalischen Formen der Segensformeln »Es segne und behüte euch/dich …« bzw. »Der Herr segne dich/euch …«. Sie wurden zumeist durch Segensbitten ersetzt (z.B. »Es segne und behüte uns …«). Dadurch wollten die Amtsträgerinnen und Amtsträger zeigen, dass sie selbst genauso segensbedürftig und nichts anderes sind als die anderen Gemeindeglieder. Heute sind wieder die Stimmen in der Überzahl, die dies als Ausdruck von Rollenunsicherheit der Pfarrerinnen und Pfarrer werten und meinen, dass der Segenszuspruch der versammelten Gemeinde nicht vorenthalten werden sollte.

Neben den traditionellen Segensformeln kam es aber auch zu einer großen Variationsbreite im Gebrauch dieses liturgischen Gottesdienstelements. Viele Formulierungen wurden aus der Tradition der Kirche wiederentdeckt und andere neu erarbeitet, wobei sich Segensbitten und Segenszuspruch oft vermischen. Aus Kirchen, in denen der Segen traditionell eine Entfaltung erfährt, wurden Texte übernommen. Besonders beliebt sind Segensformulierungen aus Irland geworden.

Größere Bedeutung erfährt auch die Gestaltung des Segenszuspruchs bzw. der Segensbitte über den Text hinaus. Die Handauflegung bei jedem Einzelnen hat bei besonderer Akzentsetzung Eingang in den Sonntagsgottesdienst gefunden. Zudem begleiten zunehmend verschiedenste Gesten den Segenszuspruch. Von Seiten der Liturginnen und Liturgen sind dies der Segensgestus der nach oben ausgebreiteten Arme und das Schlagen des Kreuzzeichens, vorwiegend in den lutherischen Kirchen. Von Seiten der Gemeinde sind eine ganze Reihe von Berührungsriten entstanden, welche die ganzheitliche Erfahrung des Gesegnet-Werdens verstärken sollen. Auch Segenstänze, die in großer Vielfalt entstanden sind, sollen dazu dienen. An diesem ganzen Komplex der versuchten Verleiblichung des Segens kommt die in anderen Gottesdienstteilen laut gewordene Diskussion um die Problematik des Anfassens oder anderer Aktionen, die Berührung und Bewegung verordnen, wieder ins Spiel.

»Mit erhobenen Händen ›Der Herr segne uns‹ zu sagen, das spür' ich fast schon im Gedärm, das geht einfach nicht zusammen und ist erneuter Ausdruck von Rollenunsicherheit oder -verweigerung.« (Bernhard Leube).

Kommunikative und symbolische Ausgestaltungen des Segens werden manchmal auch mit der Gestaltung des Beisammenbleibens nach dem Gottesdienst verknüpft.

Die Entscheidung des Gottesdienstbuches

In beiden Grundformen sind geprägte Formen (aaronitischer, zum Teil auch trinitarischer Segen) als Normalform vorgesehen. Dabei wird die Form des Segenszuspruchs an die Gemeinde gewählt. Dazu passen dann auch die in Grundform I gegebenen Hinweise zur Begleitung des Zuspruchs durch entsprechende Segensgesten.

Grundsätzlich verknüpft das Gottesdienstbuch die Entlassung (»Gehet hin im Frieden …«) mit dem Segen. Dabei steht die Entlassung normalerweise davor, sie kann aber auch nach dem Segen gesprochen werden.

Neben diesen eher traditionellen Entscheidungen werden aber eine große Menge von Gestaltungshinweisen gegeben, die den Segen hervorheben, bis hin zur Schwerpunktsetzung »Segen für den gesamten Gottesdienst«. So werden verschiedene Beispiele eines entfalteten Segens abgedruckt. Eine Vielzahl von symbolischen und kommunikativen, den Segen begleitenden Zeichen wird aufgezeigt und konkrete Hinweise für die Gestaltung von Segenstänzen gegeben. In diesem Kontext wird allerdings auch darauf hingewiesen, dass dabei gleichermaßen auf die »mögliche Nähe und notwendige Distanz« (GB S. 677) zu achten sei.

»Was in den Abschiedsritualen des Alltags an Gruß- und Wunschfloskeln ausgetauscht wird, enthält der Segen in hochkonzentrierter Form – es geht um den wirkmächtigen, durch den Einbezug der Gottheit angereicherten Zuspruch von Zukunft.« (Manfred Josuttis).

Die Gestaltungsmöglichkeiten

Segensformeln

In den beiden Grundformen stellt jeweils der aaronitische Segen die Regelform dar. Dabei werden die singularische »Der Herr segne dich …« und die pluralische Form (»Der Herr segne euch …«) gleichberechtigt ohne Bevorzugung der einen oder der anderen nebeneinandergestellt. Dazu kommt noch der trinitarische Segen »Es segne und behüte euch der allmächtige und barmherzige Gott …« in Grundform II sowie am Karfreitag und am Buß- und Bettag (vgl. GB S. 147, 189, 201). Daneben wird aber auch auf die Möglichkeit verwiesen, andere Segensformeln aus der Bibel oder der kirchlichen Tradition zu verwenden. Verschiedene Textbeispiele sind abgedruckt (GB S. 676).

»Der Segen trägt die Gabe in sich und vermittelt personal, wovon der Segnende spricht: die Heilsgegenwart des lebendigen Herrn. Durch den Segen wird das lebensschaffende, rettende und neumachende Handeln des dreieinigen Gottes persönlich zugeeignet.« (Traude Prün).

Während die auch oft gebrauchte Form des trinitarischen Segens »Es segne und behüte uns Gott …«) sicher mit Bedacht im Liturgieteil nicht vorkommt, wird sie als gemeinsam gesungene Segensbitte im Textteil vorgeschlagen (vgl. GB S. 677).

»Wenn der Aaronitische Segen im Augenblick der Trennung das lichtvolle, huldreiche Angesicht aufgehen läßt, dann vergegenwärtigt er eine Instanz, die den Einzelnen seit jeher voller Vertrauen ins Leben entlassen und im Leben getragen hat.« (Manfred Josuttis).

Entfalteter Segen

Der Segen kann in unterschiedlichster Weise entfaltet werden. Zum einen können die einzelnen zugesprochenen Segenssequenzen mit einer kurzen inhaltlichen Deutung versehen werden. Zum anderen können vor oder zwischen dem Segenszuspruch verschiedene Segenswünsche eingefügt werden. Bei entsprechender Ausgestaltung kann sich die Gemeinde auch mit ihrem Amen die Wünsche zu eigen machen. Auch eine für irische Segenssprüche typische Form ist aufgenommen. Manchmal legt es sich auch nahe, den entfalteten Segen auf zwei Sprecherinnen bzw. Sprecher zu verteilen (vgl. GB S. 678–680).

»Segensgesten machen den Segen begreiflich und konkret erlebbar. Dabei ist die Berührung wichtig – sie hilft mir, dieser Kraft Gottes mit »allen Sinnen« zu vertrauen, zu glauben, mich darauf einzulassen.« (Andrea Felsenstein-Roßberg).

Begleitung durch kommunikative Zeichen, Gesten und Gebärden
Der Segenszuspruch kann von der Liturgin bzw. dem Liturgen nach biblischem Vorbild mit ausgebreiteten Armen gesprochen werden. Dazu kann das Kreuzeszeichen kommen. (vgl. GB S. 675) Aber auch auf Seiten der den Segen Empfangenden werden verschiedene Gebärden vorgeschlagen: »Hände reichen, den Rücken stützen, weit ausladende Armbewegungen oder die Orante-Haltung« (GB S. 677).

Zudem wird angeregt, das Lied »Es segne und behüte uns Gott Vater, Sohn, Gott heiliger Geist, Amen« mit passenden Bewegungen zu begleiten. Eine Anleitung dazu ist abgedruckt (ebd.).

»So behält Gott das letzte Wort im Gottesdienst. Er ist das Alpha und das Omega, und der Christ, der Gott neu begegnet, verläßt den Gottesdienst mit dieser Zusage, die ihn befähigt, sich allem zu stellen, was auf ihn zukommt.« (Alfred Kuen).

Segenstanz
Zu dem Lied »Bewahre uns, Gott, behüte uns, Gott« (EG 171) ist eine Anleitung für einen Segenstanz abgedruckt (GB S. 677). Bei dem Gottesdienst mit reichen Interaktionsformen wird zum selben Lied eine alternative Schrittfolge beschrieben. Hier sieht man auch, wie der liturgische Segenstanz in den Gottesdienst eingebunden wird (vgl. GB S. 236).

Chancen

- Der Segen kann vielgestaltig entfaltet werden.
- Er kann mit einem Sendungswort, einer Entlassung bzw. einer Liedstrophe verbunden werden.
- Der Segen kann mit verdeutlichenden Gesten verbunden werden.

Achtung

- Ein zugesprochener Segen wird nicht mit »Wir bitten um den Segen« angekündigt.
- Die Segensgeste der erhobenen Arme der Liturgin bzw. des Liturgen passt nicht zu einer Segensbitte, sondern nur zu einem Zuspruch.
- Bei der Aufforderung zu Gesten derer, die den Segen zugesprochen erhalten, ist auf die Problematik von Nähe und Distanz zu achten.

Lesehinweis: GB S. 675

ZITATNACHWEIS

1 S. 9: Evangelisches Gottesdienstbuch: Agende für die Evangelische Kirche der Union und für die Vereinigte Evangelisch-Lutherische Kirche Deutschlands, hrsg. von der Vereinigten Evangelisch-Lutherischen Kirche Deutschlands und im Auftrag des Rates von der Kirchenkanzlei der Evangelischen Kirche der Union, Berlin 1999, S. 18.

2 S. 10: Walter Lührs, Lebendiger Gottesdienst mit lebendigen Gemeinden, in: Für den Gottesdienst 54 (1999), S. 9.

3 S. 11: wie Nr. 1, S. 5.

4 S. 12: wie Nr. 1, S. 18.

5 S. 15: wie Nr. 1, S. 15.

6 S. 16: Helmut Kornemann: Sensibilität im Gottesdienst, in: Gemeinsame Arbeitsstelle für Gottesdienstliche Fragen 6/89, S. 21 f., S. 22.

7 S. 18: wie Nr. 1, S. 15.

8 S. 19: Arno Schilson: Die Inszenierung des Alltäglichen und ein neues Gespür für den (christlichen) Kult?, in: ders. und Joachim Hake (Hrsg.): Drama »Gottesdienst«. Zwischen Inszenierung und Kult, Stuttgart u.a. 1998, S. 59.

9 S. 20: Barth, F. K. / Grenz, G. / Horst, P.: Gottesdienst menschlich. Eine Agende, 2. Liturgische Texte zur Eröffnung, zur Bitte, zum Dank, Gebete zum Ausgang, Wuppertal 1984^2, S. 9.

10 S. 21 oben: Horst Bracks, Glauben erfahrbar machen. Senfkorngottesdienste. Grundlagen und Modelle, München 2000, S. 21.

11 S. 21 unten: Manfred Josuttis: Der Weg in das Leben. Eine Einführung in den Gottesdienst auf verhaltenswissenschaftlicher Grundlage, München 1991, S. 92.

12 S. 23: wie Nr. 1, S. 15.

13 S. 24: wie Nr. 1, S. 15.

14 S. 26 oben: wie Nr. 1, S. 16.

15 S. 26 unten: Theophil Müller, Evangelischer Gottesdienst, Liturgische Vielfalt im religiösen und gesellschaftlichen Umfeld, Stuttgart u.a. 1993, S. 97.

16 S. 28: wie Nr. 1, S. 16.

17 S. 29: Bernhard Leube, Glosse zur liturgischen Ansage, in: Pastoral-Theologie 89 (2000), S. 281.

18 S. 30 oben: wie Nr. 1, S. 17.

19 S. 30 unten: wie Nr. 1, S. 13.

20 S. 36: Manfred Josuttis, wie Nr. 11, S. 237.

21 S. 37: Karl-Heinrich Bieritz, Im Blickpunkt: Gottesdienst, Theologische Informationen für Nichttheologen, Berlin 1987^2, S. 70.

22 S. 38: Rolf Christiansen, Liturgisches Stichwort. Dritter Artikel. Eröffnung und Anrufungen: Introitus – Kyrie – Gloria – Kollekte, in: ZGP 7/4 (1989), S. 28.

23 S. 39: wie Nr. 22.

24 S. 40: Jürgen Frank, Liturgisches Stichwort. Fünfter Artikel: Gottesdienstanfänge, in: ZGP 8/2 (1990), S. 3.

25 S. 42: Christoph von Lowtzow, Mit lieblosen Gottesdiensten Gottes Liebe feiern?, Stuttgart 1990, S. 91.

26 S. 43 oben: Jörg Knoblauch und Heiko Bräuning: Gottesdienst à la carte. Warum wir zielgruppenorientierte Gottesdienste brauchen, Asslar 1999, S. 14.

27 S. 43 Mitte: wie Nr. 17, S. 280.

28 S. 43 unten: Alfred Kuen, Den Gottesdienst erneuern, Wuppertal 1998, S. 113.

29 S. 44 oben: Jürgen Frank, Liturgisches Stichwort. Fünfter Artikel: Gottesdienstanfänge, in: ZGP 8/2 (1990), S. 1 f.

30 S. 44 Mitte: wie Nr. 26, S. 91.

31 S. 46: Fulbert Steffensky, Segen: Die Grundgeste der jüdisch-christlichen Tradition, in: Heft 28 der Gemeinsamen Arbeitsstelle für gottesdienstliche Fragen der EKD, Hannover 1997, S. 7.

32 S. 47 oben: wie Nr. 28, S. 114.

33 S. 47 Mitte: Thomas Hirsch-Hüffell, Praktischer Liturgie-Unterricht. Ein Protokoll, in: Pastoraltheologie 89 (2000), S. 123.

34 S. 47 unten: wie Nr. 24, S. 3.

35 S. 48 oben: Fritz Baltruweit und Günter Ruddat,

Gemeinde gestaltet Gottesdienst. Arbeitsbuch zur Erneuerten Agende, Gütersloh 1994, S. 66.

36 S. 48 Mitte: Helmut Kornemann, Sensibilität im Gottesdienst, in: Gemeinsame Arbeitsstelle für Gottesdienstliche Fragen 6/89, S. 21.

37 S. 50 Mitte: Manfred Kießig, Die Strukturierung des Gottesdienstes, in: Handbuch der Liturgik, Liturgiewissenschaft in Theologie und Praxis der Kirche, hrsg. v. Hans-Christoph Schmidt-Lauber und Karl-Heinrich Bieritz, Leipzig/Göttingen 1995, S. 681.

38 S. 50 unten: wie Nr. 21, S. 71.

39 S. 51 oben: Günther Geisthardt, Sündenbekenntnis und Gnadenzusage, in: Liturgische Blätter 67 (2000), S. 147.

40 S. 51 Mitte: Brigitte Enzner-Probst und Andrea Felsenstein-Roßberg, Wenn Himmel und Erde sich berühren. Texte, Lieder und Anregungen für Frauenliturgien, Gütersloh 1993, S. 42.

41 S. 51 unten: Wolfgang Klippert, Praxisbuch Gottesdienstleitung, Wuppertal 2000, S. 89.

42 S. 53: wie Nr. 9, S. 262.

43 S. 54 oben: wie Nr. 1, S. 508.

44 S. 54 Mitte: Rainer Volp, Liturgik: die Kunst Gott zu feiern, Band 2: Theorien und Gestaltung, Gütersloh 1994, S. 1044.

45 S. 54 unten: wie Nr. 9, S. 262.

46 S. 56: wie Nr. 9, S. 263.

47 S. 57 oben: wie Nr. 25, S. 67.

48 S. 57 Mitte: Friedrich Kalb, Grundriss der Liturgik. Eine Einführung in die Geschichte, Grundsätze und Ordnungen des lutherischen Gottesdienstes, München 1982^2, S. 119.

49 S. 57 unten: wie Nr. 22, S. 27.

50 S. 59 Mitte: wie Nr. 9, S. 263.

51 S. 59 unten: wie Nr. 11, S. 234.

52 S. 60 oben: Karl Ferdinand Müller, Das Ordinarium Missae, in: Leiturgia. Handbuch des Evangelischen Gottesdienstes, Band 2: Gestalt und Formen des Evangelischen Gottesdienstes, I. Der Hauptgottesdienst, hrsg. von Karl Ferdinand Müller und Walter Blankenburg, Kassel 1955, S. 28.

53 S. 60 Mitte: Helmut Kornemann, Sensibilität im Gottesdienst, in: Gemeinsame Arbeitsstelle für Gottesdienstliche Fragen 6/89, S. 21.

54 S. 61: wie Nr. 40, S. 76.

55 S. 61 unten: wie Nr. 44, S. 921.

56 S. 62 oben: Romano Guardini, Besinnung vor der Feier der heiligen Messe, Mainz 1949^4, S. 22–24.

57 S. 62 Mitte: Adolf Adam, Grundriss Liturgie, Freiburg 1987^3, S. 322

58 S. 64: wie Nr. 11, S. 236.

59 S. 65 oben: wie Nr. 9, S. 10.

60 S. 65 Mitte: wie Nr. 25, S. 77.

61 S. 65 unten: Helmut Kornemann, Arbeit am Kollektengebet, in: Gemeinsame Arbeitsstelle für Gottesdienstliche Fragen 2/87, S. 21.

62 S. 67: wie Nr. 44, S. 945.

63 S. 68 oben: wie Nr. 48, S. 128.

64 S. 68 unten: Michael Meyer-Blanck, Inszenierung des Evangeliums. Ein kurzer Gang durch den Sonntagsgottesdienst nach der Erneuerten Agende, Göttingen 1997, S. 87.

65 S. 69: wie Nr. 11, S. 244.

66 S. 74: wie Nr. 17, S. 282.

67 S. 75 oben: wie Nr. 64, S. 88f.

68 S. 75 Mitte: Christian Bunners, Liturgisches Stichwort. Neunter Artikel: Lesungen, in: ZGP 8/6 (1990), S. 36.

69 S. 75 unten: wie Nr. 11, S. 238.

70 S. 76: Joachim Stalmann, Nach der Erneuerten Agende: das Evangelische Gottesdienstbuch, in: Für den Gottesdienst 54 (1999), S. 17.

71 S. 77: wie Nr. 11, S. 241.

72 S. 78 oben: wie Nr. 41, S. 70.

73 S. 78 unten: Helmut Kornemann, Zwischen Predigt und Abendmahl. Zum Umgang mit der Erneuerten Agende, in: Gemeinsame Arbeitsstelle für Gottesdienstliche Fragen 6/89, S. 3f.

74 S. 79: wie Nr. 44, S. 1048.

75 S. 81: wie Nr. 25, S. 71.

76 S. 82 oben: Kurt Molitor, Das Glaubensbekenntnis, in: Liturgische Blätter 67 (2000), S. 124.

77 S. 82 Mitte: wie Nr. 40, S. 76.

78 S. 82 unten: wie Nr. 76, S. 123.

79 S. 83 oben: Clemens Bittlinger und Fabian Vogt, Die Sehnsucht leben. Gottesdienst – neu entdeckt, München 1999, S. 99.

80 S. 83 Mitte: wie Nr. 73, S. 4f.

81 S. 85 Mitte: wie Nr. 25, S. 14.

82 S. 85 unten: wie Nr. 64, S. 87.
83 S. 86 oben: wie Nr. 21, S. 72.
84 S 86 2. Zitat: wie Nr. 11, S. 243.
85 S 86 Mitte: Martin Luther, nach: Beutel, Manfred und Heinze, Carmen: Gottesdienste kreativ gestalten, Wuppertal 1996, S. 48.
86 S. 86 4. Zitat: Joachim Hipfel, Vom Gemeindegottesdienst zum Allianzgottesdienst, in: Oliver Kohler u. a. (Hrsg.): Gottesdienst feiern. Ein Werkbuch für die Gemeindepraxis, Gießen 1995, S. 77.
87 S. 87 unten: wie Nr. 25, S. 95.
88 S. 88: wie Nr. 64, S. 87.
89 S. 89 oben: wie Nr. 11, S. 272.
90 S. 89 unten: wie Nr. 73 S. 6.
91 S. 90: wie Nr. 48, S. 147.
92 S. 91: wie Nr. 86, S. 77.
93 S. 92 oben: wie Nr. 73, S. 5.
94 S. 92 unten: Michael Herbst und Matthias Schneider, … wir predigen nicht uns selbst. Ein Arbeitsbuch für Predigt und Gottesdienst, Neukirchen-Vluyn 2001, S. 182.
95 S. 93: wie Nr. 48, S. 144.
96 S. 96 oben: wie Nr. 25, S. 78.
97 S. 96 unten: wie Nr. 11, S. 273.
98 S. 97 oben: wie Nr. 9, S. 265.
99 S. 97 unten: Rolf Christiansen, Liturgisches Stichwort. Sechster Artikel: Predigt und Gebet, in: ZGP 8/3 (1990), S. 19f.
100 S. 98: wie Nr. 73, S. 5.
101 S. 102: wie Nr. 25, S. 16f.
102 S. 103: wie Nr. 44, S. 1186.
103 S. 104: wie Nr. 64, S. 101.
104 S. 105: wie Nr. 40, S. 125.
105 S. 106: wie Nr. 44, S. 1187.
106 S. 107: wie Nr. 15, S. 57.
107 S. 111: wie Nr. 73, S. 5.
108 S. 112 oben: Karl-Heinrich Bieritz, Postmoderne Liturgik? Eine kritische Würdigung der Erneuerten Agende, in: Gemeinsame Arbeitsstelle für gottesdienstliche Fragen 18/93, S. 3–28, S. 17.
109 S. 112 Mitte: wie Nr. 57, S. 146f.
110 S. 112 unten: wie Nr. 28, S. 172.
111 S. 114: wie Nr. 44, S. 1208.
112 S. 115 oben: Molitor, Kurt, Die Abendmahlsvermahnung, in: Liturgische Blätter 67 (2000), S. 149–155, S. 153.
113 S. 115 unten: Hans-Christoph Schmidt-Lauber, Die Eucharistie, in: Handbuch der Liturgik. Liturgiewissenschaft in Theologie und Praxis der Kirche, hrsg. von Hans-Christoph Schmidt-Lauber und Karl-Heinrich Bieritz, S. 228.
114 S. 116: Karl Scheidhauer, Das Große Lobgebet, A. Die Präfation, in: Liturgische Blätter 67 (2000), S. 159.
115 S. 117 oben: wie Nr. 25, S. 96.
116 S. 117 unten: Karl-Heinz Bieritz, Liturgisches Stichwort. Erster Artikel: Beten im Gottesdienst, in: ZGP 7/2 (1989), S. 33.
117 S. 118: wie Nr. 11, S. S. 287.
118 S. 119 oben: wie Nr. 64, S. 110.
119 S. 119 unten: wie Nr. 108, S. 16f.
120 S. 120 oben: wie Nr. 11, S. 290.
121 S. 120 unten: wie Nr. 113, S. 235.
122 S. 122: Bernhard Lang, Heiliges Spiel. Eine Geschichte des christlichen Gottesdienstes, München 1998, S. 119.
123 S. 123 oben: Molitor, Kurt, Das Vaterunser, in: Liturgische Blätter 67 (2000), S. 130–140, S. 135f.
124 S. 123 Mitte: wie Nr. 11, S. 285 mit Zitat von J. A. Jungmann: Missarum Solemnia. Eine genetische Erklärung der römischen Messe II, Wien 1948, S. 338.
125 S. 123 unten: wie Nr. 11, S. 286.
126 S. 126 oben: wie Nr. 9, S. 12.
127 S. 126 unten: wie Nr. 64, S. 112.
128 S. 127 oben: Kurt Frör, Salutationen, Benediktionen, Amen, in: Leiturgia. Handbuch des Evangelischen Gottesdienstes, Band 2: Gestalt und Formen des Evangelischen Gottesdienstes. I. Der Hauptgottesdienst, hrsg. von Karl Ferdinand Müller und Walter Blankenburg, Kassel 1955, S. 586f.
129 S. 127 unten: wie Nr. 64, S. 112.
130 S. 130 oben: Joachim Beckmann, Das Proprium Missae, in: Leiturgia. Handbuch des Evangelischen Gottesdienstes, Band 2: Gestalt und Formen des Evangelischen Gottesdienstes. I. Der Hauptgottesdienst, hrsg. von Karl Ferdinand Müller und Walter Blankenburg, Kassel 1955, S. 77.

131 S. 130 unten: Richard Lah, Der Gottesdienst und sein musikalischer Vollzug, in: Walter Opp, Handbuch Kirchenmusik Bd. I, Kassel 2001, S. 45.
132 S. 131 oben: Nr. 25, S. 97.
133 S. 131 unten: Römisches Messbuch, Zitat bei Adam, Adolf: Grundriss Liturgie, Freiburg 1987[3], S. 157 aus: AEM [Allgemeine Einführung in das Römische Meßbuch, 1975, 2. Auflage], S. 56 i.
134 S. 132: Otto Dietz, Unser Gottesdienst. Ein Hilfsbuch zum Hauptgottesdienst nach Agende I für evangelisch-lutherische Kirchen und Gemeinden, München 1983[2], S. 182.
135 S. 134: wie Nr. 11, S. 297.
136 S. 135 oben: wie Nr. 28, S. 174.
137 S. 135 unten: wie Nr. 11, S. 293.
138 S. 136: wie Nr. 64, S. 111.
139 S. 138: wie Nr. 64, S. 114.
140 S. 139 oben: wie Nr. 11, S. 307.
141 S. 139 unten: wie Nr. 28, S. 177.
142 S. 140: Dietmar Wenzel, Dankgebet nach dem Abendmahl, in: Liturgische Blätter 67 (2000), S. 178.
143 S. 142: wie Nr. 28, S. 183 f.
144 S. 143: wie Nr. 131, S. 46.
145 S. 144: wie Nr. 64, S. 117.
146 S. 145: wie Nr. 44, S. 1213.
147 S. 146: wie Nr. 64, S. 120.
148 S. 148: Karl Scheidhauer, Sendung/Entlassung, in: Liturgische Blätter 67 (2000), S. 174–177, S. 174.
149 S. 149 oben: wie Nr. 57, S. 158.
150 S. 149 unten: wie Nr. 11, S. 308 f.
151 S. 151: wie Nr. 48, S. 173.
152 S. 152 oben: wie Nr. 130, S. 46.
153 S. 152 unten: Frank Maibaum, Das Gottesdienstbuch. Der Leitfaden zur gemeinsamen Gottesdienstgestaltung, Stuttgart/Kiel 1999[2], S. 126 f.
154 S. 153: Horst Nitschke, Lexikon Liturgie, Hannover 2001, S. 121.
155 S. 154: wie Nr. 17, S. 284.
156 S. 155 oben: wie Nr. 11, S. 309.
157 S. 155 Mitte: Traude Prün, Segen, Kanzelgruß und Friedensgruß, in: Liturgische Blätter 67 (2000), S. 183–185, S. 184.
158 S. 155 unten: wie Nr. 11, S. 312 f.
159 S. 156 oben: wie Nr. 40, S. 145.
160 S. 156 unten: wie Nr. 28, S. 83 f.